영어를 결정하는

초등
파닉스와 문장

저자

주선이

영어교육을 전공하고, 중학교 교사, (주)대교와 (주)엔엑스씨(NXC)를 거쳐

현재 (주)캐치잇플레이에서 모바일 영어 학습 앱 '캐치잇 잉글리시'를 개발 중이다.

학습자들이 쉽고 재미있게 영어를 배울 수 있도록 다수의 영어 교재를 집필했다.

온라인 영어 프로그램 개발 및 애니메이션 개발에도 참여했다.

대표 저서

〈초등 영어를 결정하는 알파벳과 소리〉, 〈초등 영어를 결정하는 파닉스〉,

〈초등 영어를 결정하는 영문법〉, 〈리드라이트 알파벳 1, 2〉, 〈리드라이트 파닉스 1, 2, 3〉,

〈기적의 영어문장 만들기〉, 〈기적의 맨처음 영단어〉,

〈기적의 영어문장 트레이닝 800〉, 〈영리한 영문법〉, 〈영리한 영문장 쓰기〉,

〈바쁜 5 · 6학년을 위한 빠른 영어특강 영어 시제 편〉 등

초등 영어를 결정하는 파닉스와 문장

저자 주선이
초판 1쇄 발행 2022년 5월 4일   **초판 2쇄 발행** 2024년 7월 1일

발행인 박효상   **편집장** 김현   **기획 · 편집** 장경희, 이한경   **디자인** 임정현
표지, 내지 디자인 이은희   **조판** 조영라   **삽화** 하랑 전수정, 양소이, 주세영
마케팅 이태호, 이전희   **관리** 김태옥   **종이** 월드페이퍼   **인쇄 · 제본** 예림인쇄 · 바인딩
녹음 YR미디어

출판등록 제10-1835호   **발행처** 사람in
주소 04034 서울시 마포구 양화로 11길 14-10 (서교동) 3F
전화 02) 338-3555(代)   **팩스** 02) 338-3545   **E-mail** saramin@netsgo.com
Website www.saramin.com
책값은 뒤표지에 있습니다. 파본은 바꾸어 드립니다.

ISBN
978-89-6049-945-4 64740
978-89-6049-808-2 (set)

어린이제품안전특별법에 의한 제품표시	
제조자명 사람in **제조국명** 대한민국 **사용연령** 5세 이상 어린이 제품	**전화번호** 02-338-3555 **주 소** 서울시 마포구 양화로 11길 14-10 3층

우아한 지적만보, 기민한 실사구시 **사람in**

초등 파닉스와 문장

영어를 결정하는

사람in
saram
in.com

머리말

from Phonics to Sentences

이제 영어를 처음 배우는 아이들에게 파닉스는 당연한 필수 학습 과정이 되었지요. 파닉스를 떼고 본격적인 원서 읽기를 시작하고 싶지만, 실제 파닉스를 배우고도 아는 단어 몇 개 외에는 읽지 못합니다. 파닉스에서 문장 읽기로 넘어가기 위해서는 무엇이 필요할까요?

파닉스에서 문장으로 넘어갈 수 있는 다리를 놓아 주세요!

우선, **파닉스의 유창성**을 키울 연습 과정이 꼭 필요해요. 즉, 처음 보는 단어에도 적용하는 훈련과 복습 과정이 필요합니다. 첫 파닉스 학습을 통해 몇 개 단어로만 규칙을 배웠다면, 비슷한 규칙에 적용되는 단어를 동시에 비교하는 연습을 통해 파닉스가 체화될 것입니다.
본서에서 파닉스 규칙끼리 비교하며 많은 단어를 다룬 이유입니다.

파닉스 단어도 **단어로서의 진정한 생명력**을 갖는 연습 과정이 필요해요.
"단어를 안다"는 것은……

- **첫째**, 읽을 수 있고 ➜ 발음
- **둘째**, 의미를 이해하고 ➜ 뜻
- **셋째**, 문장 안에서 사용할 수 있어야 합니다. ➜ 활용

본서에서 사용 빈도가 높은 주요 파닉스 단어를 따로 선별하여 뜻을 이해하는 연습과 문장에서 다른 단어와 결합하여 쓰이는 연습을 포함한 이유입니다.

문장을 읽고 이해하기 위해서는 **사이트워드(sight words)를 함께** 꼭 익혀야 합니다. 사이트 워드는 파닉스를 통해 배울 수 없으나, 문장에서 아주 자주 등장하는 단어입니다. 따라서 반드시 눈으로 보자마자 빠르게 읽을 수 있는 훈련이 필요하죠.

본서에서 문장 읽기 준비 단계로 필수 사이트워드를 포함한 이유입니다.

이 모든 중요성을 기준으로 본서를 아래와 같이 3단계로 구성했습니다.
- **1단계:** 파닉스 규칙을 확인하며 단어 읽기
- **2단계:** 파닉스 단어와 사이트워드가 결합된 구 읽기
- **3단계:** 사이트워드 패턴 기반의 문장 읽기

본서는 파닉스를 배우고 본격적인 파닉스 리딩 이전 학습자를 위해 구성된 것으로 파닉스 리딩을 병행하면 그 효과가 배가 될 수 있습니다.

이 책을 통해 영어를 배우는 사람이나 가르치는 사람 모두 더 쉽고, 즐거운 경험을 누리게 되길 소망합니다.

주선이

이 책의 구성 및 특징

파닉스 공부를 다시 복습하고, 이제 단어에서 문장으로 넘어가기 위한 브릿지 사이트워드까지!
단어에서 구, 구에서 문장으로 확장되는 각 코너의 2단계로 구성된 학습 과정을 통해 체계적인
영어 문장 읽기와 쓰기를 배워 보세요.

단어 읽기 파닉스 단어의 발음, 뜻과 철자까지 익힐 수 있는 코너

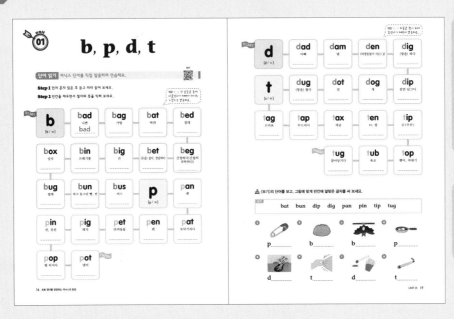

- 유사한 발음 특성을 가진 단어끼리 묶어 서 파닉스 규칙을 확인해요.
- 단어를 따라 읽고, 뜻까지 익혔다면 한 번 직접 써 보세요.

앞에서 읽은 단어를 이미지와 연결해 직 접 쓰면서 복습해 보 세요.

구 읽기 영어 문장에서 가장 많이 만나는 사이트워드를 익힐 수 있는 코너

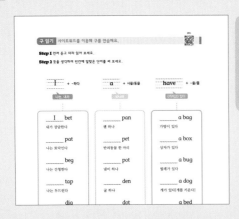

'단어 읽기'에서 배운 단어와 사이트워드가 어떻게 연결되어 구로 쓰이는지 뜻도 함께 보며 연습해 보세요.

문장 읽기

파닉스 단어와 사이트워드가 들어간 문장 패턴을
익힐 수 있는 코너

문장 만들기

'문장 읽기'에서 익힌 문장을 직접 써 볼 수
있는 코너

복습하기

각 유닛에서 배운 단어와 문장 구조를 통해 문장 읽고 쓰기를 복습하는 코너

정답

정답과 함께 '복습하기' 해석도 함께 확인해 보세요.

목차

Part 1

단자음·이중자음 / 사이트워드

Part 2

장모음·이중모음 / 사이트워드

Part 3

이중 글자·묵음 / 사이트워드

파닉스 규칙을 확인해요

파닉스 는 **알파벳 글자와 소리의 규칙**을 배우는 방법이에요.
모음과 자음으로 나눠서 규칙을 확인해 보세요.

001

모음 따라 읽은 후, 혼자 읽을 수 있는 글자에 v표를 하세요.

a ᵛ	e	i	o	u
hat	bed	pig	pot	duck

a_e	i_e	o_e	u_e
cake	bike	rope	cube

ai	ay	aw	ea	ee
snail	lay	saw	tea	bee
ew	oi	oy	oo	oo
stew	boil	toy	book	moon
ou	ow	u	ue	ui
sound	crown	bull	glue	fruit

자음 따라 읽은 후, 혼자 읽을 수 있는 글자에 v표를 하세요.

b	c	d	f	g	h	j
boat	cup	dot	fish	gift	ham	jam

k	l	m	n	p	q(u)	r
kite	lock	mat	nut	pin	queen	rain

s	t	v	w	x	y	z
sick	tent	veil	worm	fox	yellow	zero

ck	ng	nk	ch	sh
clock	ring	pink	chip	shell

th	th	ph	gh	gh
that	three	photo	laugh	high

wh	wr	kn	gu	mb
where	write	knight	guide	comb

사이트워드에는 어떤 단어가 있나요?

사이트워드(sight words) 란 영어로 된 글에서 **아주 자주 보게 되는 단어**예요.

사이트워드는 파닉스 규칙에 적용되지 않거나 그림만으로 뜻이 전달되지 않는 것도 있어서 우리말로 뜻을 정확하게 이해하고, **꼭 문장과 함께 연습**해야 해요.

We have a little cat.

사이트워드의 종류를 살펴볼까요? 아는 단어가 있으면 동그라미를 쳐 보세요.

기본 사이트워드
a   the
can   do
this   not
who   what

사람을 대신하는 말
I   my
you   your
he   she
we   they

위치, 시간, 방법
on   in
at   to
for   with

수, 크기, 감정
two
big   little
good

상태, 동작
is   go
have   see
look   said

단어에서 문장으로 넘어가기

"단어를 안다"는 것은 **발음과 뜻을 알고, 그 단어를 문장 안에서 활용을 할 줄 안다는 거예요.** 따라서 완전한 파닉스 학습은 문장과 함께 익힐 때 비로소 완성됩니다. 문장 읽기를 도와줄 사이트워드와 함께 읽는 훈련이 필요해요.

① 단어	② 구	③ 문장
파닉스 규칙과 단어의 구조를 배워요. 사용 빈도가 높은 필수 파닉스 단어를 익혀요.	파닉스 단어와 사이트워드로 이루어진 구를 배워요. 구를 통해 단어 뜻이 명확해지고, 문장 읽기가 쉬워져요.	사이트워드가 들어간 구 중심의 문장 패턴을 배워요. 파닉스 단어가 들어간 문장을 읽고 이해할 수 있어요.
bag　big　map cap cake make　jump camp	have a bag　on the map can make　want to jump	I have a big bag. Do you want to jump?

알파벳에서 파닉스 넘어가기
알파벳 대표 소리값을 함께 익혀요.

파닉스에서 사이트워드 넘어가기
문장에서 파닉스, 사이트워드를 함께 연습해요.
주요 파닉스 단어 위주로 뜻과 함께 복습해요.

Part 1
단자음·이중자음 / 사이트워드

파닉스 규칙을 생각하며 따라 읽어 보세요.

A 한글 표기는 같아도 실제 영어 발음은 달라요.

b
[b / ㅂ]
box

v
[v / ㅂ]
vet

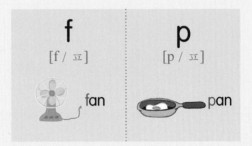

f
[f / ㅍ]
fan

p
[p / ㅍ]
pan

B 모두 [ㅋ]로 발음해요.

c
cap

k
kid

ck
duck

C 두 글자를 하나의 소리로 발음해요.

ng
[ŋ / 응]
long

nk
[ŋk / 응ㅋ]
wink

ch
[tʃ / 취]
chin

sh
[ʃ / 쉬]
ship

사이트워드 　다음 중 뜻을 알고 있는 단어에 v표를 해 보세요.

A 기본 사이트워드

> a ☐　　the ☐　　and ☐
> can ☐　　will ☐　　here ☐

B 사람·사물을 대신하는 말

> I ☐　　my ☐　　you ☐
> he ☐　　she ☐　　it ☐
> we ☐　　they ☐

C 동작이나 상태

> have ☐　　has ☐　　see ☐
> like ☐　　want ☐　　is ☐　　was ☐

D 위치, 시간, 방법

> on ☐　　in ☐　　to ☐　　for ☐

b, p, d, t

005

단어 읽기 파닉스 단어를 직접 발음하며 연습해요.

Step 1 먼저 혼자 읽은 후 듣고 따라 읽어 보세요.

Step 2 빈칸을 채우면서 철자와 뜻을 익혀 보세요.

> 👄 b, p 양 입술을 붙여
> 다물었다가 떼면서 터지는
> 느낌으로 발음해요.

START

b
[b / ㅂ]

bad
나쁜
bad

bag
가방
_____

bat
박쥐
_____

bed
침대
_____

box
상자
_____

bin
쓰레기통
_____

big
큰
_____

bet
(돈을) 걸다, 장담하다
_____

beg
간청하다(간절히 부탁하다)
_____

bug
벌레
_____

bun
작고 동그란 빵, 번
_____

bus
버스
_____

p
[p / ㅍ]

pan
팬
_____

pin
핀, 옷핀
_____

pig
돼지
_____

pet
반려동물
_____

pen
펜
_____

pat
토닥거리다
_____

pop
펑 터지다
_____

pot
냄비
_____

FINISH

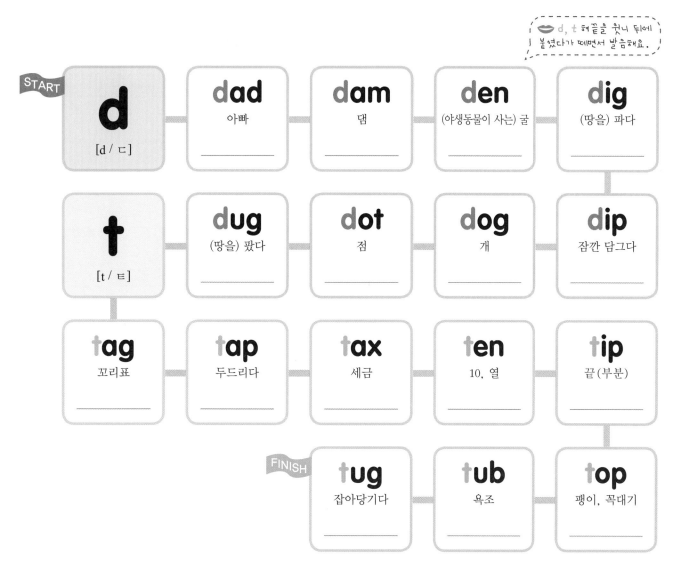

START

d [d / ㄷ]

dad 아빠 _____

dam 댐 _____

den (야생동물이 사는) 굴 _____

dig (땅을) 파다 _____

t [t / ㅌ]

dug (땅을) 팠다 _____

dot 점 _____

dog 개 _____

dip 잠깐 담그다 _____

tag 꼬리표 _____

tap 두드리다 _____

tax 세금 _____

ten 10, 열 _____

tip 끝(부분) _____

FINISH

tug 잡아당기다 _____

tub 욕조 _____

top 팽이, 꼭대기 _____

⚖ 〈보기〉의 단어를 보고, 그림에 맞게 빈칸에 알맞은 글자를 써 보세요.

보기

bat bun dip dig pan pin tip tug

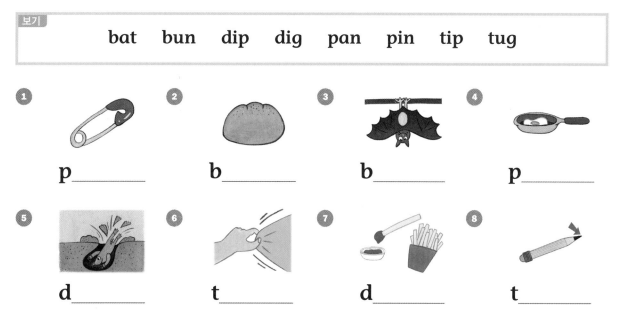

1 p_____

2 b_____

3 b_____

4 p_____

5 d_____

6 t_____

7 d_____

8 t_____

구 읽기 사이트워드를 이용해 구를 연습해요.

Step 1 먼저 듣고 따라 읽어 보세요.

Step 2 뜻을 생각하며 빈칸에 알맞은 단어를 써 보세요.

I + ~하다 —— 나는, 내가

a + 사물/동물 —— 하나의

have + ~을/를 —— (가지고) 있다

__I__ bet	_____ pan	_____ a bag
내가 장담한다	팬 하나	가방이 있다
_____ pat	_____ pet	_____ a box
나는 토닥인다	반려동물 한 마리	상자가 있다
_____ beg	_____ pot	_____ a bug
나는 간청한다	냄비 하나	벌레가 있다
_____ tap	_____ den	_____ a dog
나는 두드린다	굴 하나	개가 있다[개를 키운다]
_____ dig	_____ dot	_____ a bed
나는 (땅을) 판다	점 한 개	침대가 있다
_____ tug	_____ tag	_____ a tub
나는 잡아당긴다	꼬리표 한 개	욕조가 있다

문장 읽기 파닉스 단어와 사이트워드를 이용해 문장을 연습해요.

Step 1 그림을 보고, 괄호 안에서 알맞은 단어를 고르세요.

Step 2 문장을 듣고, 따라 읽으면서 답을 맞춰 보세요.

① I have a (pin / pan).

② I have a name (tag / tip).   *name tag: 이름표

③ I pat a (dot / dog).

④ I have a big (tub / ten).

⑤ I have a big (bug / bag).

⑥ I have a big (box / bug).

Step 1 단어를 선택하고 순서대로 배열해 써 보세요.

Step 2 쓴 문장을 보며 다음 3가지를 확인해 보세요.　　☐ 첫 글자 대문자　☐ 띄어쓰기　☐ 문장 끝 문장 부호

① 내게 팬이 하나 있어요.　 pan / pen 　 a 　 I 　 have 　 .

I have a

② 내게 큰 상자가 하나 있어요.　 I 　 big 　 have 　 a 　 box / bus 　 .

③ 내게 이름표가 있어요.　 a 　 I 　 tag / tip 　 have 　 name 　 .

④ 나는 개를 쓰다듬어요.　 beg / dog 　 a 　 pat 　 I 　 .

⑤ 내게 큰 가방이 하나 있어요.　 a 　 pig / big 　 bag / bug 　 I 　 have 　 .

⑥ 내게 큰 욕조가 있어요.　 I 　 tap / tub 　 a 　 have 　 big / bin 　 .

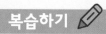
Step 1 한 단어씩 읽다가 문장이 되면 동그라미를 쳐 보세요.

Step 2 뜻을 생각하며 문장 부호와 함께 문장을 완성해 써 보세요.

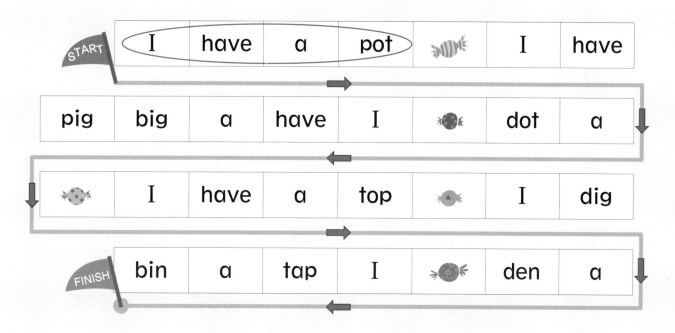

1. I have a pot.

2. _____

3. _____

4. _____

5. _____

6. _____

c, k, g, f, v

008

단어 읽기 파닉스 단어를 직접 발음하며 연습해요.

Step 1 먼저 혼자 읽은 후 듣고 따라 읽어 보세요.

Step 2 빈칸을 채우면서 철자와 뜻을 익혀 보세요.

👄 c, k, g 혀뿌리를
입천장에 닿게 해서
발음해요.

START

c
[k / ㅋ]

cab
택시
_____

can
캔, 통조림
_____

cap
야구모자
_____

cat
고양이
_____

kid
아이
_____

k
[k / ㅋ]

cut
자르다
_____

cup
컵
_____

cop
경찰관
_____

kit
*조립용품 세트
_____

g
[g / ㄱ]

gag
개그
_____

gap
틈, 간격
_____

gas
가스
_____

FINISH

gun
총
_____

gum
껌
_____

god
신
_____

gift
선물
_____

get
얻다, 사다
_____

*kit 조립용품 세트: 여러 개를 짜
맞춰서 무언가 하나를 만들 수 있는
부품, 조각들을 모아 놓은 것

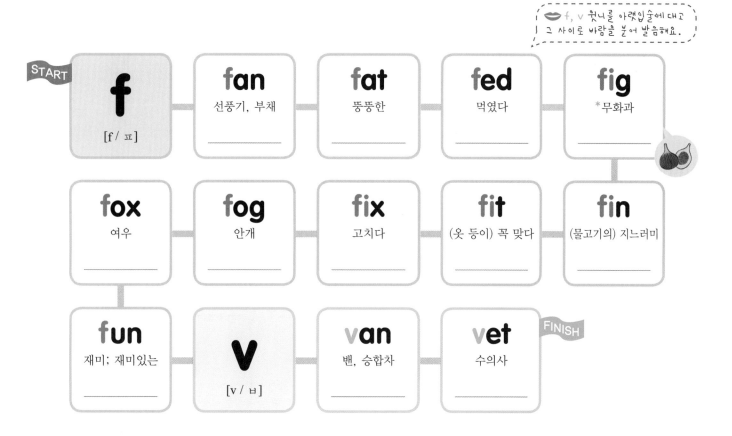

START

f	fan	fat	fed	fig
[f / ㅍ]	선풍기, 부채	뚱뚱한	먹였다	*무화과

fox	fog	fix	fit	fin
여우	안개	고치다	(옷 등이) 꼭 맞다	(물고기의) 지느러미

fun	v	van	vet
재미; 재미있는	[v / ㅂ]	밴, 승합차	수의사

FINISH

📎 〈보기〉의 단어를 보고, 그림에 맞게 빈칸에 알맞은 글자를 써 보세요.

보기

can	cap	gun	fan	fox	fun	vet	van

① f_____

② c_____

③ v_____

④ g_____

⑤ f_____

⑥ v_____

⑦ c_____

⑧ f_____

구 읽기 사이트워드를 이용해 구를 연습해요.

Step 1 먼저 듣고 따라 읽어 보세요.

Step 2 뜻을 생각하며 빈칸에 알맞은 단어를 써 보세요.

see + ~을/를

보다

_____ a cup

컵을 보다

_____ a cop

경찰관을 보다

_____ a cat

고양이를 보다

_____ a fin

지느러미를 보다

_____ a fan

선풍기를 보다

_____ a van

밴을 보다

the + 사물/사람/동물

그

_____ cab

그 택시

_____ can

그 통조림

_____ kid

그 아이

_____ fin

그 지느러미

_____ gag

그 개그

_____ gap

그 틈[간격]

like + ~을/를

좋아하다

_____ the cap

그 야구모자를 좋아하다

_____ the gum

그 껌을 좋아하다

_____ the gift

그 선물을 좋아하다

_____ the fox

그 여우를 좋아하다

_____ the fig

그 무화과를 좋아하다

_____ the vet

그 수의사를 좋아하다

파닉스 단어와 사이트워드를 이용해 문장을 연습해요.

Step 1 그림을 보고, 괄호 안에서 알맞은 단어를 고르세요.

Step 2 문장을 듣고, 따라 읽으면서 답을 맞춰 보세요.

❶ I see a (fin / fan).

❷ I see a fat (cop / cat).

❸ I see a (van / vet).

❹ I like the (fox / fix).

❺ I like the (kit / gift).

❻ I like the (fig / fin).

Step 1 단어를 선택하고 순서대로 배열해 써 보세요.

Step 2 쓴 문장을 보며 다음 3가지를 확인해 보세요.　□ 첫 글자 대문자　□ 띄어쓰기　□ 문장 끝 문장 부호

❶ 나는 뚱뚱한 고양이를 봐요.　cap / cat　a　I　see　fat　.

❷ 나는 밴 한 대를 봐요.　I　see　van / can　a　.

❸ 나는 그 선물을 좋아해요.　the　I　kit / gift　like　.

❹ 나는 그 여우를 좋아해요.　see / like　the　fix / fox　I　.

❺ 나는 선풍기를 봐요.　a　fan / fun　like / see　I　.

❻ 나는 그 무화과를 좋아해요.　I　fig / fin　the　see / like　.

Step 1 한 단어씩 읽다가 문장이 되면 동그라미를 쳐 보세요.

Step 2 뜻을 생각하며 문장 부호와 함께 문장을 완성해 써 보세요.

START	I	like	the	cup	🍬	I	see

kid	fat	a	see	I	🍬	cop	a

🍬	I	like	the	big	gum	🍬	I

FINISH / fig	the	cut	I	🍬	cap	the	get

1. _____

2. _____

3. _____

4. _____

5. _____

6. _____

h, w, s, z

011

단어 읽기 파닉스 단어를 직접 발음하며 연습해요.

Step 1 먼저 혼자 읽은 후 듣고 따라 읽어 보세요.

Step 2 빈칸을 채우면서 철자와 뜻을 익혀 보세요.

> 👄 h 공기를 내뿜으면서 발음해요.
> w 입술을 둥그랗게 말아 앞쪽으로 내밀면서 발음해요.

START

h
[h / ㅎ]

had
가졌다, 있었다
_____

ham
햄
_____

hat
모자
_____

hid
숨겼다
_____

hug
껴안다
_____

hot
뜨거운, 매운
_____

hop
(한 발로) 깡충 뛰다
_____

hit
때리다, 때렸다
_____

hip
엉덩이
_____

hum
흥얼거리다
_____

hut
오두막
_____

w
[w / 우]

wag
(꼬리를) 흔들다
_____

web
거미줄
_____

wok
웍(큰 냄비)
_____

wit
기지, 재치
_____

win
이기다
_____

wig
가발
_____

wet
젖은
_____

won
이겼다
_____

FINISH

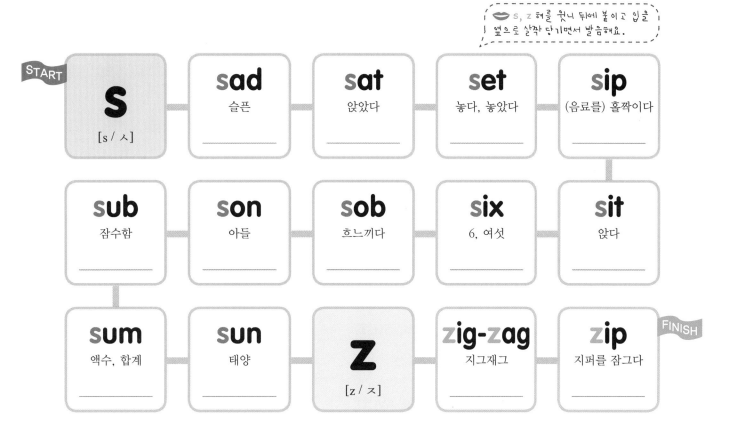

START

s
[s / ㅅ]

sad
슬픈
_____

sat
앉았다
_____

set
놓다, 놓았다
_____

sip
(음료를) 홀짝이다
_____

sub
잠수함
_____

son
아들
_____

sob
흐느끼다
_____

six
6, 여섯
_____

sit
앉다
_____

sum
액수, 합계
_____

sun
태양
_____

z
[z / ㅈ]

zig-zag
지그재그
_____

zip
지퍼를 잠그다
_____

FINISH

〈보기〉의 단어를 보고, 그림에 맞게 빈칸에 알맞은 글자를 써 보세요.

보기
hat   wet   wig   sip   sit   six   sun   zip

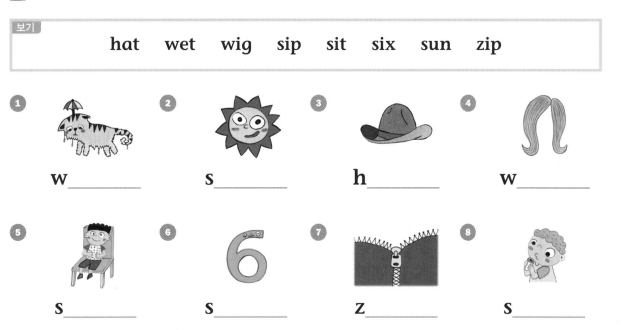

1 w_____

2 s_____

3 h_____

4 w_____

5 s_____

6 s_____

7 z_____

8 s_____

구 읽기 사이트워드를 이용해 구를 연습해요.

Step 1 먼저 듣고 따라 읽어 보세요.

Step 2 뜻을 생각하며 빈칸에 알맞은 단어를 써 보세요.

He + ~하다
그는, 그가

_____ had
그는 (가지고) 있었다

_____ won
그는 이겼다

_____ hid
그는 숨겼다

_____ sat
그는 앉았다

_____ hit
그가 때렸다

_____ likes
그는 좋아한다

*like는 '좋아하다'라는 뜻으로 He 뒤에 올 때는 likes로 써요.

무엇이 + **is**
~이다

The sun _____
태양은 ~이다

The web _____
거미줄은 ~이다

The hut _____
그 오두막은 ~이다

---

is + ~한
~이다

_____ sad
슬프다(이다 + 슬픈)

_____ wet
젖었다(이다 + 젖은)

_____ hot
뜨겁다(이다 + 뜨거운)

---

my + 사물/사람
나의

_____ hat
나의 모자

_____ ham
나의 햄

_____ wig
나의 가발

_____ hip
나의 엉덩이

_____ son
나의 아들

_____ sub
나의 잠수함

문장 읽기 파닉스 단어와 사이트워드를 이용해 문장을 연습해요.

Step 1 그림을 보고, 괄호 안에서 알맞은 단어를 고르세요.

Step 2 문장을 듣고, 따라 읽으면서 답을 맞춰 보세요.

❶ He is (sad / wet).

❷ The sun is (hot / hug).

❸ The web is (wet / win).

❹ He likes my (son / sob).

❺ He had a (hot / hut) wok.

❻ He hid my (hit / hat).

Step 1 단어를 선택하고 순서대로 배열해 써 보세요.

Step 2 쓴 문장을 보며 다음 3가지를 확인해 보세요. ☐ 첫 글자 대문자 ☐ 띄어쓰기 ☐ 문장 끝 문장 부호

① 햇볕이 뜨거워요.   hot / hit   The   is   sin / sun   .

② 그는 슬퍼요.   set / sad   is   He / My   .

③ 거미줄이 젖었어요.   is   The   web / wig   wet   .

④ 그는 내 아들을 좋아해요.   sun / son   my / I   He   likes   .

⑤ 그가 내 모자를 숨겼어요.   my   hat / hut   had / hid   He   .

⑥ 그에게는 뜨거운 웍이 있었어요.   wit / wok   a   He   had / hit   hot   .

Step 1 한 단어씩 읽다가 문장이 되면 동그라미를 쳐 보세요.

Step 2 뜻을 생각하며 문장 부호와 함께 문장을 완성해 써 보세요.

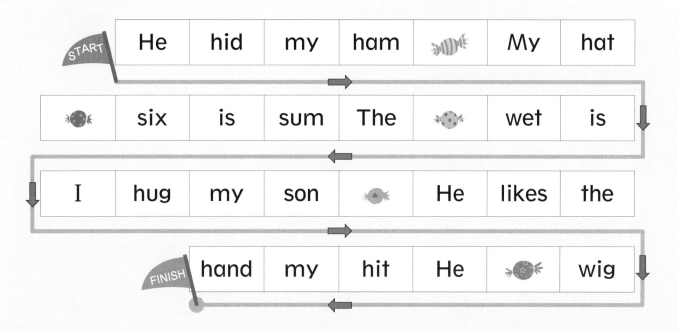

1 _____

2 _____

3 _____

4 _____

5 _____

6 _____

l, r, m, n

014

단어 읽기 파닉스 단어를 직접 발음하며 연습해요.

Step 1 먼저 혼자 읽은 후 듣고 따라 읽어 보세요.

Step 2 빈칸을 채우면서 철자와 뜻을 익혀 보세요.

👄 ㅣ 앞니 뒤 잇몸에 혀 끝을 붙이며 발음해요.
ㅏ 혀를 입 천장에 닿지 않게 들어올리고 목구멍 쪽으로 당겨 발음해요.

START

| **l** | **lap** | **leg** | **lid** | **lip** |
| [l/ ㄹ] | *무릎 | 다리 | 뚜껑 | 입술 |

| **ran** | **r** | **lug** | **luck** | **log** |
| 달렸다 | [r / 뤄] | 끌다, 나르다 | 행운 | 통나무 |

| **rap** | **rat** | **red** | **rip** | **rob** |
| 랩(음악) | 쥐 | 빨간 | 째다, 찢다 | 도둑질하다 |

FINISH

| **run** | **rug** | **rub** | **rot** | **rod** |
| 달리다 | 깔개 | 문지르다 | 썩다 | 막대, 매 |

*lap 무릎: 앉았을 때 양 다리 부분의 넓적한 부분을 말해요.

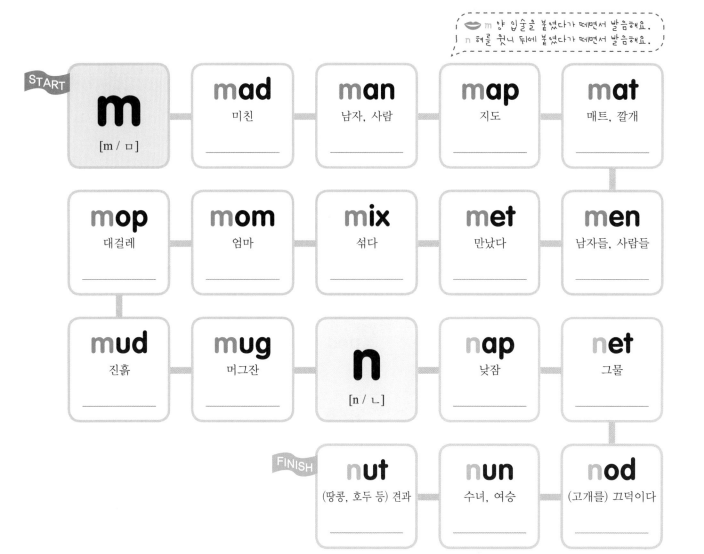

🐷 m 양 입술을 붙였다가 떼면서 발음해요.
   n 혀를 윗니 뒤에 붙였다가 떼면서 발음해요.

START

m
[m / ㅁ]

mad
미친

man
남자, 사람

map
지도

mat
매트, 깔개

mop
대걸레

mom
엄마

mix
섞다

met
만났다

men
남자들, 사람들

mud
진흙

mug
머그잔

n
[n / ㄴ]

nap
낮잠

net
그물

FINISH

nut
(땅콩, 호두 등) 견과

nun
수녀, 여승

nod
(고개를) 끄덕이다

📎 〈보기〉의 단어를 보고, 그림에 맞게 빈칸에 알맞은 글자를 써 보세요.

보기

lip   log   rip   rug   met   mix   nap   net

❶ r_____

❷ l_____

❸ n_____

❹ m_____

❺ r_____

❻ m_____

❼ n_____

❽ l_____

구 읽기 사이트워드를 이용해 구를 연습해요.

Step 1 먼저 듣고 따라 읽어 보세요.

Step 2 뜻을 생각하며 빈칸에 알맞은 단어를 써 보세요.

We + ~하다
우리는, 우리가

can + ~하다
~할 수 있다

on + 사물
~(위)에

_____ nod
우리는 끄덕이다

_____ mix
우리는 섞는다

_____ met
우리는 만났다

_____ ran
우리는 달렸다

_____ run
우리는 달린다

_____ lug
우리가 끈다

_____ nod
끄덕일 수 있다

_____ mix
섞을 수 있다

_____ run
달릴 수 있다

_____ the map
지도에

_____ the mat
매트 위에

_____ the net
그물 위에

_____ the lap
무릎에

_____ the log
통나무 위에

_____ the rug
깔개 위에

~하다
사람/사물 + **and** + ~하다
사람/사물
그리고, ~와

ran _____ ran
달리고 달렸다

mom _____ dad
엄마와 아빠

lap _____ leg
무릎과 다리

문장 읽기 파닉스 단어와 사이트워드를 이용해 문장을 연습해요.

Step 1 그림을 보고, 괄호 안에서 알맞은 단어를 고르세요.

Step 2 문장을 듣고, 따라 읽으면서 답을 맞춰 보세요.

❶ We met a (man / map).

❷ We met a (nun / net).

❸ We (ran / rap) and ran.

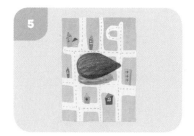

❹ We can (mix / mat) the mud.

❺ The (nut / net) is on the map.

❻ The rat is on the (log / rug).

Step 1 단어를 선택하고 순서대로 배열해 써 보세요.

Step 2 쓴 문장을 보며 다음 3가지를 확인해 보세요.　　□ 첫 글자 대문자　□ 띄어쓰기　□ 문장 끝 문장 부호

① 우리는 한 남자를 만났어요. mat / met We man a .

② 그 견과는 지도 위에 있어요. The on map / mop is nut the .

③ 우리는 달리고 달렸어요. and ran / red I / We ran .

④ 우리는 한 수녀님을 만났어요. nap / nun a met / net We .

⑤ 우리는 진흙을 섞을 수 있어요. mud can We the mop / mix .

⑥ 그 쥐는 통나무 위에 있어요. The rap / rat the log on is .

Step 1 한 단어씩 읽다가 문장이 되면 동그라미를 쳐 보세요.

Step 2 뜻을 생각하며 문장 부호와 함께 문장을 완성해 써 보세요.

START	We	met	and	ran		The	man

the	on	is	lid	The		nod	can

rug		The	mop	is	on	the	net

We		map	the	rip	can	We	

met	on	the	log	FINISH

1 _____

2 _____

3 _____

4 _____

5 _____

6 _____

unit 05

j, y, ld, lf, lk, lt

017

파닉스 단어를 직접 발음하며 연습해요.

Step 1 먼저 혼자 읽은 후 듣고 따라 읽어 보세요.

Step 2 빈칸을 채우면서 철자와 뜻을 익혀 보세요.

👄 j 입술을 둥그랗게 앞으로 내밀어 발음해요.
y 혀 가운데 부분을 입천장으로 들어 올리면서 발음해요.

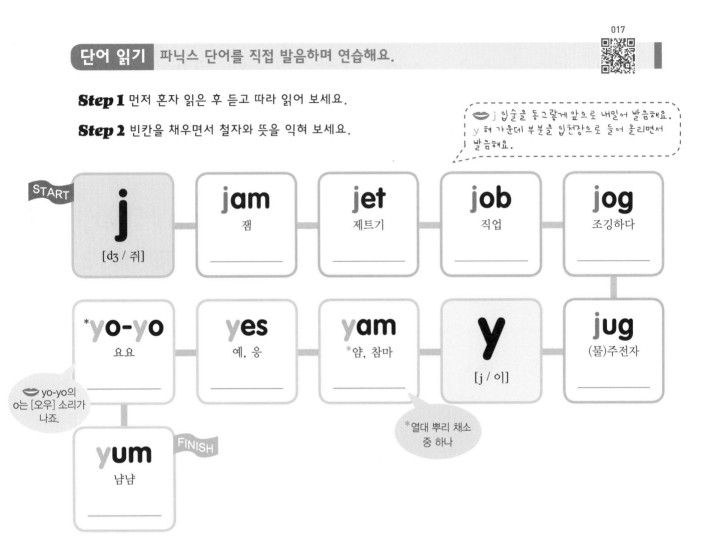

START

j
[dʒ / 쥐]

jam
잼
_____

jet
제트기
_____

job
직업
_____

jog
조깅하다
_____

***yo-yo**
요요
_____

yes
예, 응
_____

***yam**
*얌, 참마
_____

y
[j / 이]

jug
(물)주전자
_____

👄 yo-yo의 o는 [오우] 소리가 나죠.

*열대 뿌리 채소 중 하나

yum
냠냠
_____

FINISH

🔔 〈보기〉의 단어를 보고, 그림에 맞게 빈칸에 알맞은 글자를 써 보세요.

보기

jam   yam   yo-yo   jog

① y_____

② j_____

③ j_____

④ y_____

START				
-ld	**old** 늙은, 낡은	**cold** 추운; 추위	**gold** 금	**hold** 잡다
-lk	***half** 반	***calf** 송아지	**golf** 골프	**-lf**
milk 우유	**silk** 비단, 실크	***talk** 말하다	***walk** 걷다	***yolk** (달걀 등의) 노른자
FINISH **bolt** 빗장, 볼트	**melt** 녹다	**felt** 느꼈다	**belt** 벨트, 허리띠	**-lt**

*calf, half의 l은 소리가 나지 않아요
*talk, walk, yolk의 l은 소리가 나지 않아요.

📌 〈보기〉의 단어를 보고, 그림에 맞게 빈칸에 알맞은 글자를 써 보세요.

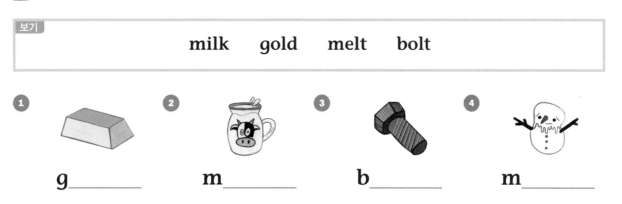

보기

milk   gold   melt   bolt

① g_____

② m_____

③ b_____

④ m_____

사이트워드를 이용해 구를 연습해요.

Step 1 먼저 듣고 따라 읽어 보세요.

Step 2 뜻을 생각하며 빈칸에 알맞은 단어를 써 보세요.

It + ~하다

그것은, 그것이

_____ is

그것은 ~이다[있다]

_____ felt

그것은 느꼈다

_____ can melt

그것은 녹일 수 있다

~하다 + **it**

그것을

has _____

그것을 가지고 있다

hold _____

그것을 잡다

felt _____

그것을 느꼈다

---

has + ~을/를

(가지고) 있다

_____ a job

직업이 있다

_____ a jet

제트기가 있다

_____ a calf

송아지가 있다

_____ a belt

허리띠가 있다

_____ milk

우유가 있다

_____ my jam

내 잼을 가지고 있다

---

in + 사물/날씨

~(안)에

_____ the jug

주전자 안에

_____ the jam

잼 속에

_____ the yolk

노른자 안에

_____ the milk

우유 속에

_____ the gold

금 안에

_____ the cold

추위 가운데

문장 읽기 파닉스 단어와 사이트워드를 이용해 문장을 연습해요.

Step 1 그림을 보고, 괄호 안에서 알맞은 단어를 고르세요.

Step 2 문장을 듣고, 따라 읽으면서 답을 맞춰 보세요.

❶ It is my old (belt / bolt).

❷ He has my (jam / job).

❸ He has a (calf / golf).

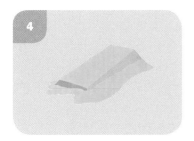  

❹ It can (melt / milk) gold.

❺ The yo-yo is in the (jug / jet).

❻ It is in the cold (milk / silk).

Step 1 단어를 선택하고 순서대로 배열해 써 보세요.

Step 2 쓴 문장을 보며 다음 3가지를 확인해 보세요. ☐ 첫 글자 대문자 ☐ 띄어쓰기 ☐ 문장 끝 문장 부호

1 그가 내 잼을 가지고 있어요. jet / jam He my has .

2 그것은 차가운 우유 안에 있어요. in It hold / cold is milk the .

3 그는 송아지 한 마리가 있어요. has He golf / calf a / the .

4 그것은 나의 낡은 허리띠예요. old It belt / bolt my / he is .

5 그것은 금을 녹일 수 있어요. can felt / melt gold / cold It .

6 요요가 주전자 안에 있어요. is jog / jug the yo-yo The on / in .

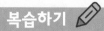

Step 1 한 단어씩 읽다가 문장이 되면 동그라미를 쳐 보세요.

Step 2 뜻을 생각하며 문장 부호와 함께 문장을 완성해 써 보세요.

1 _____

2 _____

3 _____

4 _____

5 _____

6 _____

mp, nd, nt, sk, st

020

단어 읽기 파닉스 단어를 직접 발음하며 연습해요.

Step 1 먼저 혼자 읽은 후 듣고 따라 읽어 보세요.

Step 2 빈칸을 채우면서 철자와 뜻을 익혀 보세요.

START

-mp

camp
캠핑하다
_____

lamp
램프, 등
_____

bump
부딪치다
_____

dump
버리다
_____

hand
손
_____

band
밴드, 악단
_____

-nd

pump
펌프; 퍼 올리다
_____

jump
뛰다, 점프하다
_____

land
땅
_____

sand
모래
_____

end
끝; 끝나다
_____

wind
바람
_____

-nt

mint
박하, 민트
_____

hint
힌트, 암시
_____

went
갔다
_____

tent
텐트
_____

rent
집세
_____

hunt FINISH
사냥하다
_____

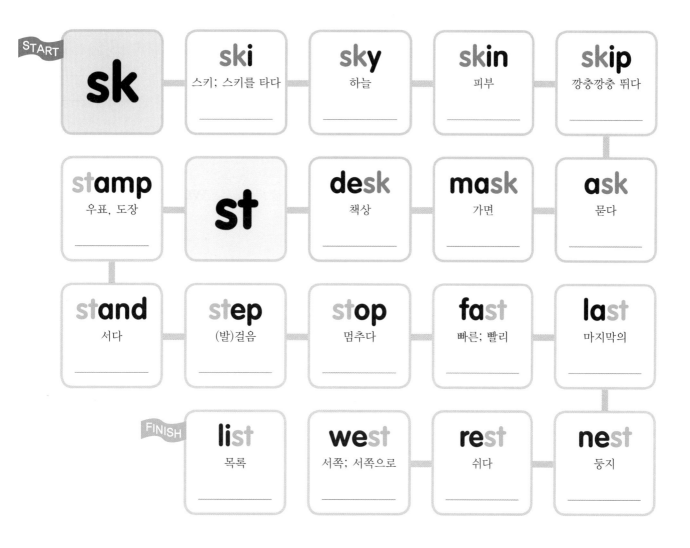

START **sk**	**ski** 스키; 스키를 타다	**sky** 하늘	**skin** 피부	**skip** 깡충깡충 뛰다
stamp 우표, 도장	**st**	**desk** 책상	**mask** 가면	**ask** 묻다
stand 서다	**step** (발)걸음	**stop** 멈추다	**fast** 빠른; 빨리	**last** 마지막의
FINISH **list** 목록	**west** 서쪽; 서쪽으로	**rest** 쉬다	**nest** 둥지	

🔔 〈보기〉의 단어를 보고, 그림에 맞게 빈칸에 알맞은 글자를 써 보세요.

보기
tent	hand	camp	lamp	fast	rest	skin	mask

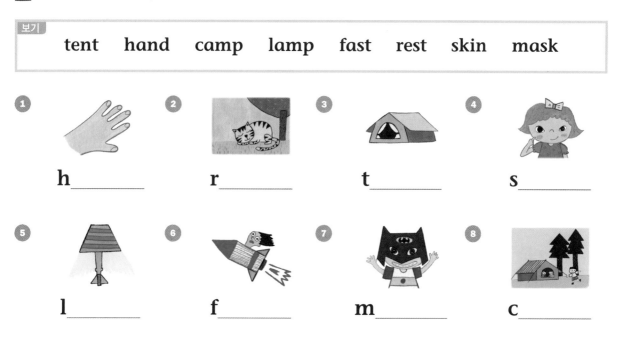

① h_____

② r_____

③ t_____

④ s_____

⑤ l_____

⑥ f_____

⑦ m_____

⑧ c_____

구 읽기 사이트워드를 이용해 구를 연습해요.

Step 1 먼저 듣고 따라 읽어 보세요.

Step 2 뜻을 생각하며 빈칸에 알맞은 단어를 써 보세요.

They + ~하다
> 그들은, 그들이

_____ camp
그들은 캠핑한다

_____ dump
그들은 버린다

_____ went
그들은 갔다

_____ stop
그들은 멈춘다

_____ rest
그들은 쉰다

_____ ask
그들이 묻는다

can + ~하다
> ~할 수 있다

_____ camp
캠핑할 수 있다

_____ ski
스키를 탈 수 있다

_____ hunt
사냥할 수 있다

want + ~을/를
> 원하다

_____ a tent
텐트를 원하다

_____ a desk
책상을 원하다

_____ a stamp
도장을 원하다

to + ~하다
> ~하기

_____ ski
스키 타기

_____ stand
서 있기

_____ stop
멈추기

want + ~하기를
> 하고 싶다, 원하다

_____ to jump
뛰고 싶다(뛰기를 원하다)

_____ to rest
쉬고 싶다(쉬기를 원하다)

_____ to ask
묻고 싶다(묻기를 원하다)

문장 읽기 파닉스 단어와 사이트워드를 이용해 문장을 연습해요.

Step 1 그림을 보고, 괄호 안에서 알맞은 단어를 고르세요.

Step 2 문장을 듣고, 따라 읽으면서 답을 맞춰 보세요.

1 They can (ski / stop) fast.

2 They can (hunt / jump).

3 They want a (desk / nest).

4 They want a (hint / tent).

5 They want to (jump / rest).

6 They want to (ask / mask).

Step 1 단어를 선택하고 순서대로 배열해 써 보세요.

Step 2 쓴 문장을 보며 다음 3가지를 확인해 보세요.　□ 첫 글자 대문자　□ 띄어쓰기　□ 문장 끝 문장 부호

① 그들은 사냥할 수 있어요.　hunt / stop　can　We / They　.

② 그들은 스키를 빠르게 탈 수 있어요.　fast　They　stand / ski　can / have　.

③ 그들은 점프하고 싶어 해요.　want　He / They　to　camp / jump　.

④ 그들은 텐트를 원해요.　a　They　hint / tent　want　.

⑤ 그들은 책상을 하나 원해요.　want　desk / hand　a / the　They　.

⑥ 그들은 물어보고 싶어 해요.　My / They　to　list / ask　can / want　.

Step 1 한 단어씩 읽다가 문장이 되면 동그라미를 쳐 보세요.

Step 2 뜻을 생각하며 문장 부호와 함께 문장을 완성해 써 보세요.

START	They	want	to	ski	🍬	They	want

🍬	stand	to	want	They	🍬	list	the

They	want	to	stop	and	ask	🍬	They

in	rest	to	want	They	🍬	west	went

the	sand	FINISH

① _____

② _____

③ _____

④ _____

⑤ _____

⑥ _____

ck, ng, nk

023

단어 읽기 파닉스 단어를 직접 발음하며 연습해요.

Step 1 먼저 혼자 읽은 후 듣고 따라 읽어 보세요.

Step 2 빈칸을 채우면서 철자와 뜻을 익혀 보세요.

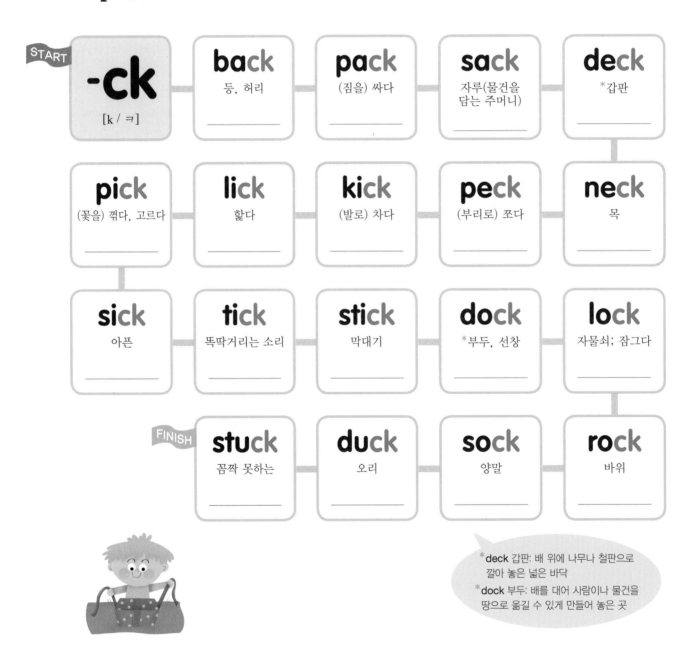

START

-ck
[k / ㅋ]

back
등, 허리
_____

pack
(짐을) 싸다
_____

sack
자루(물건을
담는 주머니)
_____

deck
*갑판
_____

pick
(꽃을) 꺾다, 고르다
_____

lick
핥다
_____

kick
(발로) 차다
_____

peck
(부리로) 쪼다
_____

neck
목
_____

sick
아픈
_____

tick
똑딱거리는 소리
_____

stick
막대기
_____

dock
*부두, 선창
_____

lock
자물쇠; 잠그다
_____

FINISH

stuck
꼼짝 못하는
_____

duck
오리
_____

sock
양말
_____

rock
바위
_____

*deck 갑판: 배 위에 나무나 철판으로
깔아 놓은 넓은 바닥
*dock 부두: 배를 대어 사람이나 물건을
땅으로 옮길 수 있게 만들어 놓은 곳

START

-ng [ŋ / 응]	hang 걸다, 매달다	king 왕	ring 반지; (종 등을) 울리다	sing 노래하다
-nk [ŋk / 응ㅋ]	lung 폐, 허파	song 노래	long 긴	wing 날개
bank 은행	rank 계급, 등급	tank 가스통, 탱크	link 고리; 연결하다	pink 분홍색(의)

FINISH

wink 윙크하다   sink 가라앉다

⚖ 〈보기〉의 단어를 보고, 그림에 맞게 빈칸에 알맞은 글자를 써 보세요.

보기

kick   lock   peck   sock   bank   tank   hang   king

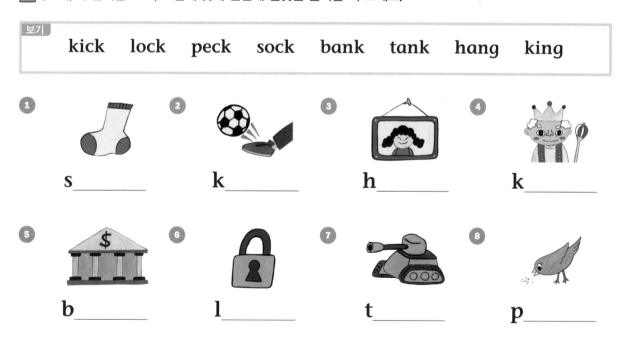

① s_____

② k_____

③ h_____

④ k_____

⑤ b_____

⑥ l_____

⑦ t_____

⑧ p_____

구 읽기 사이트워드를 이용해 구를 연습해요.

024

Step 1 먼저 듣고 따라 읽어 보세요.

Step 2 뜻을 생각하며 빈칸에 알맞은 단어를 써 보세요.

___ You ___ + ~하다 → 네가, 너는

_____ hang — 네가 걸다
_____ sing — 네가 노래하다
_____ pack — 네가 (짐을) 싸다
_____ lock — 너는 (자물쇠를) 잠근다
_____ ring — 너는 (종 등을) 울린다
_____ can — 너는 할 수 있다

___ will ___ + ~하다 → ~할 것이다

_____ lick — 핥을 것이다
_____ pick — (꽃을) 꺾을 것이다
_____ pack — (짐을) 쌀 것이다
_____ sing — 노래를 부를 것이다
_____ sink — 가라앉을 것이다
_____ wink — 윙크할 것이다

~하다 + ___ here ___
___ Here ___ + 있다 → 여기에(서)

sink _____ — 여기에 가라앉다
kick _____ — 여기에서 차다
_____ is — 여기에 ~ 있다

___ for ___ + 사람/사물/동물 → ~을/를 위해

_____ the king — 왕을 위해
_____ you — 너를 위해
_____ the duck — 오리를 위해

54　초등 영어를 결정하는 파닉스와 문장

문장 읽기 파닉스 단어와 사이트워드를 이용해 문장을 연습해요.

Step 1 그림을 보고, 괄호 안에서 알맞은 단어를 고르세요.

Step 2 문장을 듣고, 따라 읽으면서 답을 맞춰 보세요.

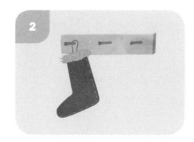

① Here is my pink (wing / ring).

② Here is a long (sock / sick).

③ You can (kick / back) the ball here.

④ You will pack the (pick / sack).

⑤ I will (sing / hang) for you.

⑥ The (rock / lock) is for the duck.

Step 1 단어를 선택하고 순서대로 배열해 써 보세요.

Step 2 쓴 문장을 보며 다음 3가지를 확인해 보세요. ☐ 첫 글자 대문자 ☐ 띄어쓰기 ☐ 문장 끝 문장 부호

1 여기에 내 분홍색 반지가 있어요. my   is   Here   ring   pink / wink   .

_____

_____

2 당신은 여기서 그 공을 찰 수 있어요.

can   You / They   ball   pick / kick   here   the   .

_____

_____

3 내가 당신을 위해 노래를 부를게요. for   I   you   sink / sing   will   .

_____

_____

4 여기 긴 양말이 하나 있어요. sick / sock   Here   my / a   long / lung   is   .

_____

_____

5 그 바위는 오리를 위한 거예요. A / The   is   stuck / duck   the   rock   for   .

_____

_____

6 당신이 그 자루를 쌀 거예요. sack / stick   the   will / is   You   pack   .

_____

_____

Step 1 한 단어씩 읽다가 문장이 되면 동그라미를 쳐 보세요.

Step 2 뜻을 생각하며 문장 부호와 함께 문장을 완성해 써 보세요.

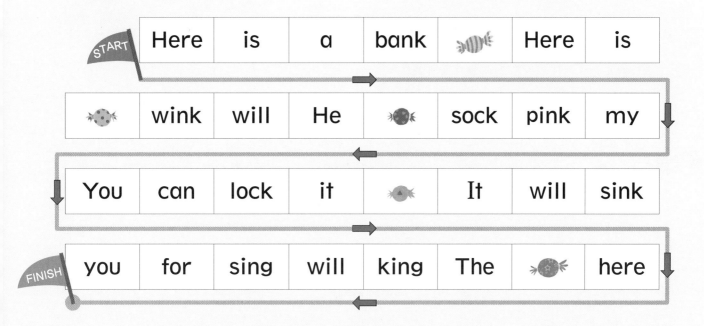

1. _____

2. _____

3. _____

4. _____

5. _____

6. _____

ch, sh

026

단어 읽기 파닉스 단어를 직접 발음하며 연습해요.

Step 1 먼저 혼자 읽은 후 듣고 따라 읽어 보세요.

Step 2 빈칸을 채우면서 철자와 뜻을 익혀 보세요.

👄 ch 혀를 윗니 뒤 잇몸에 붙였다 떼며 발음해요.

START

ch
[tʃ / 취]

chat
잡담하다
_____

check
확인하다
_____

chess
체스
_____

chest
가슴
_____

chop
자르다
_____

chill
냉기, 한기
_____

chick
병아리
_____

chip
조각, (감자) 칩
_____

chin
턱
_____

-ch
[tʃ / 취]

catch
잡다
_____

hatch
부화시키다
_____

match
경기; 어울리다
_____

patch
부분, 조각
_____

lunch
점심
_____

witch
마녀
_____

itch
가렵다
_____

rich
부유한
_____

bench
벤치
_____

punch FINISH
주먹으로 치다
_____

START

sh
[ʃ / 쉬]

*shark
상어
_____

*sharp
날카로운
_____

shelf
선반
_____

shell
(조개 등의) 껍질
_____

shock
충격, 충돌
_____

shot
발포, (농구 등에서) 슛
_____

shop
가게
_____

*shirt
셔츠
_____

ship
배
_____

*short
(키가) 작은
_____

shut
(문 등을) 닫다
_____

-sh
[ʃ / 쉬]

ash
재(불에 타고 남은 가루)
_____

cash
현금
_____

ar은 [아알], ir은 [어얼], or은 [오올] 소리가 나요.

FINISH

rush
서둘러 가다, 돌진하다
_____

wish
빌다, 바라다
_____

fish
생선
_____

dish
접시, 요리
_____

〈보기〉의 단어를 보고, 그림에 맞게 빈칸에 알맞은 글자를 써 보세요.

보기
chat   chin   chip   punch   shell   shop   shot   cash

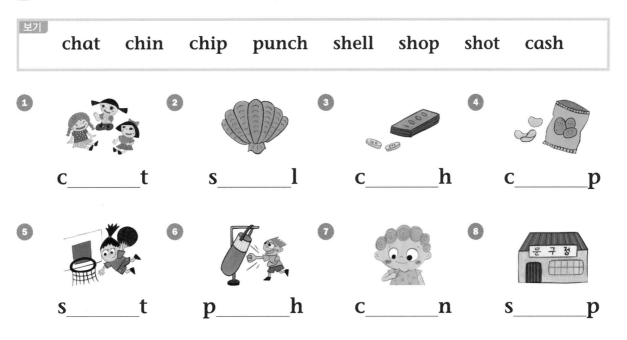

1   c____t

2   s_____l

3   c____h

4   c_____p

5   s____t

6   p____h

7   c____n

8   s____p

구 읽기 사이트워드를 이용해 구를 연습해요.

Step 1 먼저 듣고 따라 읽어 보세요.

Step 2 뜻을 생각하며 빈칸에 알맞은 단어를 써 보세요.

She + ~하다
그녀가, 그녀는

_____ will check
그녀가 확인할 것이다

_____ will shut
그녀가 닫을 것이다

_____ will wish
그녀가 빌 것이다

_____ can catch
그녀는 잡을 수 있다

_____ can rush
그녀는 돌진할 수 있다

_____ can chop
그녀는 자를 수 있다

was + ~한 사물/동물
~이었다

_____ short
작았다(이었다 + 작은)

_____ rich
부자였다(이었다 + 부유한)

_____ a shark
상어였다

to + 장소
~까지, ~로

_____ the bench
벤치까지

_____ the shop
가게로

_____ the ship
배까지

누가 무엇이 + **was**
~이었다

She _____
그녀는 ~이었다

The fish _____
그 물고기는 ~이었다

The ship _____
그 배는 ~이었다

~하다 ~했다 + **to**
~까지, ~로

rush _____
~까지 돌진하다

run _____
~로 뛰어가다

went _____
~로 갔다

문장 읽기 파닉스 단어와 사이트워드를 이용해 문장을 연습해요.

Step 1 그림을 보고, 괄호 안에서 알맞은 단어를 고르세요.

Step 2 문장을 듣고, 따라 읽으면서 답을 맞춰 보세요.

❶ She was (rich / itch).

❷ She will have (lunch / bench).   *have lunch: 점심을 먹다

❸ The fish was a (sharp / shark).

❹ She can (chop / chat) it.

❺ She will (wish / rush) to the ship.

❻ She went to the (ship / shop).

Step 1 단어를 선택하고 순서대로 배열해 써 보세요.

Step 2 쓴 문장을 보며 다음 3가지를 확인해 보세요.   ☐ 첫 글자 대문자 ☐ 띄어쓰기 ☐ 문장 끝 문장 부호

① 그녀는 부자였어요. rich / shot   She   was / had   .

---

② 그 물고기는 상어였어요. a   is / was   shark   fish / wish   The   .

---

③ 그녀는 점심을 먹을 거예요. have   will   lunch / punch   She / He   .

---

④ 그녀는 그것을 자를 수 있어요. chip / chop   will / can   it   She   .

---

⑤ 그녀는 배까지 서둘러 갈 거예요.

will   to   rush / cash   the   She / He   ship   .

---

⑥ 그녀는 가게에 갔어요. to / on   short / shop   the   She   went   .

Step 1 한 단어씩 읽다가 문장이 되면 동그라미를 쳐 보세요.

Step 2 뜻을 생각하며 문장 부호와 함께 문장을 완성해 써 보세요.

START

She	was	short	🍬	She	will	check

🕷	shock	a	was	It	🕷	fast	it

The	chip	was	sharp	🕷	The	shirt	was

the	to	went	She	🍬	shelf	the	on

bench	FINISH

1. _____

2. _____

3. _____

4. _____

5. _____

6. _____

Part 2
장모음·이중모음 / 사이트워드

파닉스 규칙을 생각하며 따라 읽어 보세요.

A 알파벳 이름과 같은 소리의 모음이에요.

[eɪ / 에이]	[iː / 이-]	[aɪ / 아이]	[oʊ / 오우]	[uː / 우-]
a_e face	ea leaf	i_e wide	o_e joke	u_e rule
ai mail	ee see			
ay pray				

B 모양이 달라도 같은 소리가 나요.

[uː / 우-]		[ɔː / 오-]	[ʊ / 우]
oo food	ew chew	aw saw	oo cook
ue glue	ui suit	o moss	u bull

C 시작과 끝 모음이 다른 소리예요.

[ɔɪ / 오이]		[aʊ / 아우]	
oi oil	oy soy	ou count	ow gown

사이트워드 다음 중 뜻을 알고 있는 단어에 v표를 해 보세요.

A 기본 사이트워드

this ☐   not ☐   let's ☐   can't ☐   will ☐

here ☐   do ☐   don't ☐   did ☐   didn't ☐

B 사람·사물을 대신하는 말

his ☐   her ☐

your ☐

C 동작이나 상태

need ☐   likes ☐

is ☐

D 묻는 말

where ☐

who ☐

E 위치, 시간, 방법

in ☐   at ☐

on ☐   for ☐

F 수, 크기, 감정

some ☐   little ☐   well ☐

very ☐   good ☐

a_e, i_e

031

Step 1 먼저 혼자 읽은 후 듣고 따라 읽어 보세요.

Step 2 빈칸을 채우면서 철자와 뜻을 익혀 보세요.

👄 a_e의 e는 소리가 나지 않고 알파벳 a의 이름처럼 [에이]로 발음해요.

START

a_e
[eɪ / 에이]

face
얼굴

race
경주

made
만들었다

age
나이

cake
케이크

bake
굽다

stage
무대

page
페이지, 쪽

cage
우리, 새장

lake
호수

make
만들다

wake
깨다, 일어나다

pale
창백한

game
게임, 경기

gate
대문

vase
꽃병

tape
테이프

cape
망토

name
이름

hate
미워하다

late
늦은

skate
스케이트화

gave
주었다

wave
파도

FINISH

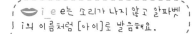
i_e의 e는 소리가 나지 않고 알파벳 i의 이름처럼 [아이]로 발음해요.

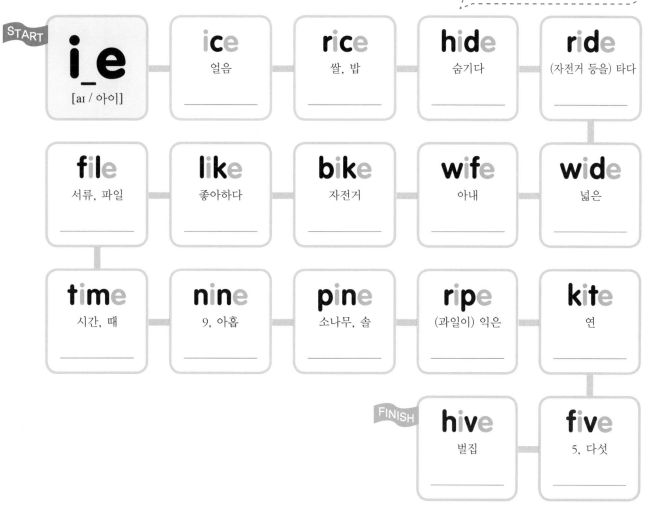

START
i_e
[aɪ / 아이]

ice
얼음
_____

rice
쌀, 밥
_____

hide
숨기다
_____

ride
(자전거 등을) 타다
_____

file
서류, 파일
_____

like
좋아하다
_____

bike
자전거
_____

wife
아내
_____

wide
넓은
_____

time
시간, 때
_____

nine
9, 아홉
_____

pine
소나무, 솔
_____

ripe
(과일이) 익은
_____

kite
연
_____

FINISH
hive
벌집
_____

five
5, 다섯
_____

〈보기〉의 단어를 보고, 그림에 맞게 빈칸에 알맞은 글자를 써 보세요.

보기
cake   lake   tape   gate   hide   ride   bike   pine

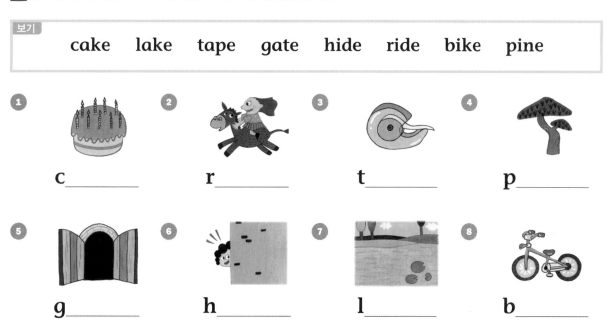

① c_____

② r_____

③ t_____

④ p_____

⑤ g_____

⑥ h_____

⑦ l_____

⑧ b_____

구 읽기 사이트워드를 이용해 구를 연습해요.

Step 1 먼저 듣고 따라 읽어 보세요.

Step 2 뜻을 생각하며 빈칸에 알맞은 단어를 써 보세요.

her + 사물/동물

그녀의

_____ name
그녀의 이름

_____ file
그녀의 파일

_____ bike
그녀의 자전거

this + 사물

이 ~

_____ cake
이 케이크

_____ bike
이 자전거

_____ kite
이 연

_____ cape
이 망토

not + ~한

~ 않은

_____ late
늦지 않은

_____ pale
창백하지 않은

_____ ripe
익지 않은

~하다 + **her**

그녀를, 그녀에게

hate _____
그녀를 미워하다

gave _____
그녀에게 주었다

made _____
그녀에게 만들어 주었다

This + ~이다

이것은, 이것이

_____ is
이것은 ~이다

_____ is not
이것은 ~ 아니다

not + 사물

~ 아닌

_____ her skate
그녀의 스케이트가 아닌

_____ my name
내 이름이 아닌

_____ five
5가 아닌

문장 읽기 파닉스 단어와 사이트워드를 이용해 문장을 연습해요.

Step 1 그림을 보고, 괄호 안에서 알맞은 단어를 고르세요.

Step 2 문장을 듣고, 따라 읽으면서 답을 맞춰 보세요.

❶ This is her (game / name).

❷ This is not her (tape / skate).

❸ I like this (bike / ice).

❹ Her face is not (pale / late).

❺ I gave her this (cake / rake).

❻ I made her this (hive / kite).

Step 1 단어를 선택하고 순서대로 배열해 써 보세요.

Step 2 쓴 문장을 보며 다음 3가지를 확인해 보세요. ☐ 첫 글자 대문자 ☐ 띄어쓰기 ☐ 문장 끝 문장 부호

① 이것은 그녀의 스케이트가 아니에요. skate / tape is This not her .

② 이것이 그녀의 이름이에요. is This name / wave her / she .

③ 나는 그녀에게 이 케이크를 주었어요. this her cake / cage I gave .

④ 그녀의 얼굴은 창백하지 않아요. is Her / She page / face pale not .

⑤ 나는 그녀에게 이 연을 만들어 주었어요.

made kite / pine her / she I this .

⑥ 나는 이 자전거가 좋아요. is / this bike / bake I like / hate .

Step 1 우리말에 맞는 단어를 찾아 동그라미를 쳐 보세요.

Step 2 완전한 문장을 쓰고 읽어 보세요.

I	This	this	not	wide	page
Her	is	her	stage	pine	ripe
file	Is	vase	her	gate	is
hive	hate	Not	This	will	not
her	this	cage	wife	this	game
gave	bike	I	this	his	made

❶ **This is** 그녀의 꽃병.

→   **This is her vase.**

❷ **He gave her** 이 자전거를.

→

❸ 이것이 ~에요 **her stage.**

→

❹ **Her cape is** 넓지 않은.

→

❺ **I like** 이 게임을.

→

o_e, u_e

034

Step 1 먼저 혼자 읽은 후 듣고 따라 읽어 보세요.

Step 2 빈칸을 채우면서 철자와 뜻을 익혀 보세요.

👄 o_e는 소리가 나지 않고 알파벳 o의 이름처럼 [오우]로 발음해요.

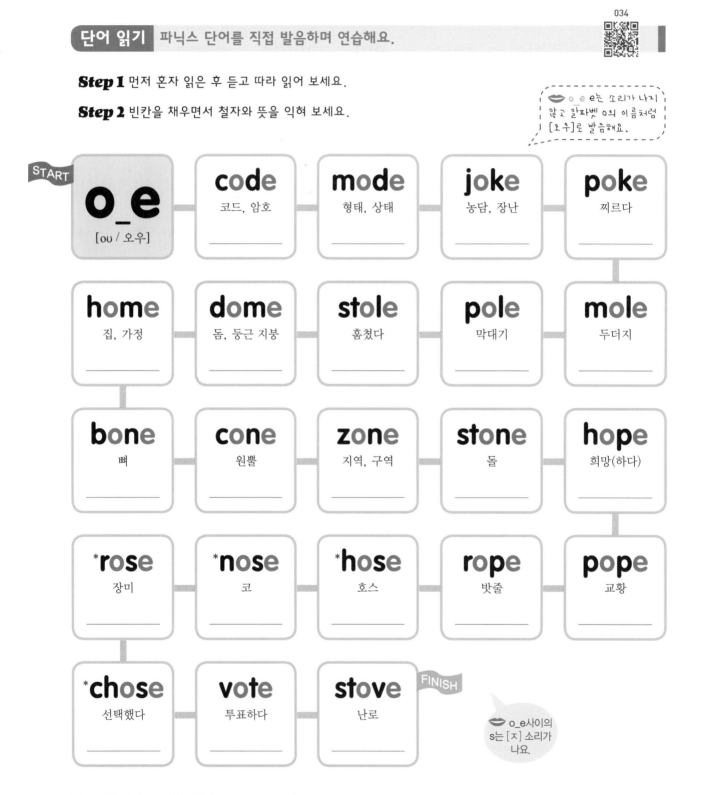

START

o_e
[ou / 오우]

code
코드, 암호
_____

mode
형태, 상태
_____

joke
농담, 장난
_____

poke
찌르다
_____

home
집, 가정
_____

dome
돔, 둥근 지붕
_____

stole
훔쳤다
_____

pole
막대기
_____

mole
두더지
_____

bone
뼈
_____

cone
원뿔
_____

zone
지역, 구역
_____

stone
돌
_____

hope
희망(하다)
_____

***rose**
장미
_____

***nose**
코
_____

***hose**
호스
_____

rope
밧줄
_____

pope
교황
_____

***chose**
선택했다
_____

vote
투표하다
_____

stove
난로
_____

FINISH

👄 o_e사이의 s는 [ㅈ] 소리가 나요.

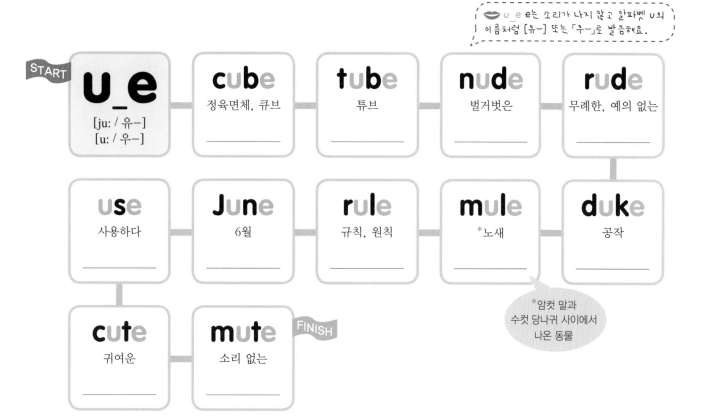

START

u_e
[ju: / 유-]
[u: / 우-]

cube
정육면체, 큐브
_____

tube
튜브
_____

nude
벌거벗은
_____

rude
무례한, 예의 없는
_____

use
사용하다
_____

June
6월
_____

rule
규칙, 원칙
_____

mule
*노새
_____

duke
공작
_____

*암컷 말과
수컷 당나귀 사이에서
나온 동물

cute
귀여운
_____

mute
소리 없는
_____

FINISH

〈보기〉의 단어를 보고, 그림에 맞게 빈칸에 알맞은 글자를 써 보세요.

보기
| dome | pole | rope | cube | tube | mute | mule | rule |

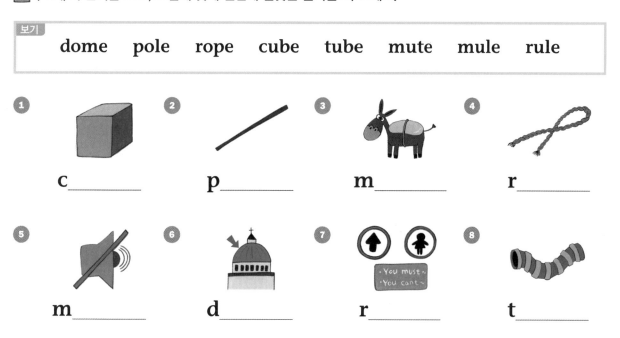

① c_____

② p_____

③ m_____

④ r_____

⑤ m_____

⑥ d_____

⑦ r_____

⑧ t_____

구 읽기 사이트워드를 이용해 구를 연습해요.

Step 1 먼저 듣고 따라 읽어 보세요.

Step 2 뜻을 생각하며 빈칸에 알맞은 단어를 써 보세요.

---

your + 사물/동물

너의

_____ rose
너의 장미

_____ rope
너의 밧줄

_____ cube
너의 큐브

_____ bone
너의 뼈

_____ rule
너의 규칙

_____ stove
너의 난로

---

is + ~한

~이다

_____ cute
귀엽다(이다 + 귀여운)

_____ rude
무례하다(이다 + 무례한)

_____ mute
묵음이다(이다 + 소리 없는)

Do + 누가 ~하다 + ?

~하니?

_____ you use ~?
너는 사용하니?

_____ you hope ~?
너는 바라니?

_____ we vote ~?
우리는 투표하니?

누가 무엇이 + **is**

~이다

The duke _____
그 공작은 ~이다

Your nose _____
너의 코는 ~이다

My cube _____
나의 큐브는 ~이다

Where + ~이 있다 / ~이 있었다 + ?

어디에?

_____ is ~?
어디에 ~이 있니?

_____ was ~?
어디에 ~이 있었니?

문장 읽기 파닉스 단어와 사이트워드를 이용해 문장을 연습해요.

Step 1 그림을 보고, 괄호 안에서 알맞은 단어를 고르세요.

Step 2 문장을 듣고, 따라 읽으면서 답을 맞춰 보세요.

❶ She (vote / chose) your rose.

❷ She is (cute / mute).

❸ The duke is not (nude / rude).

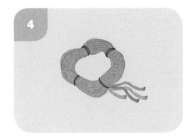  

❹ Do you use your (pole / rope)?

❺ Where is your (tube / cube)?

❻ Where was the (bone / stone)?

Step 1 단어를 선택하고 순서대로 배열해 써 보세요.

Step 2 쓴 문장을 보며 다음 3가지를 확인해 보세요.　　□ 첫 글자 대문자　□ 띄어쓰기　□ 문장 끝 문장 부호

① 그녀가 당신의 장미를 골랐어요.　rose / hose　chose　She　your　.

② 그녀는 귀여워요.　has / is　code / cute　She / Her　.

③ 그 돌은 어디에 있었어요?　was　Where　stole / stone　the　?

④ 그 공작은 벌거벗지 않았어요.　nude　The　duke / use　not　is　.

⑤ 당신 튜브는 어디에 있어요?　you / your　tube / home　is　Where　?

⑥ 당신은 당신 밧줄을 쓰나요?　your　use / hose　you　Do / Is　rope　?

Step 1 우리말에 맞는 단어를 찾아 동그라미를 쳐 보세요.

Step 2 완전한 문장을 쓰고 읽어 보세요.

dome	code	nude	cube	cone	rude
rule	vote	duke	stole	zone	mole
her	mule	bone	my	your	Do
you	mule	rude	stone	hose	where
do	Where	is	use	Is	dome
hope	my	hose	Her	nose	stove

❶ 어디에 있나요 your pole?

➡ _____

❷ Do you use 당신의 호스를?

➡ _____

❸ 그녀의 코는 is not cute.

➡ _____

❹ Where was 그녀의 노새는?

➡ _____

❺ Your 무례한 두더지가 stole her rose.

➡ _____

ar, or, er, ir, ur

037

단어 읽기 파닉스 단어를 직접 발음하며 연습해요.

Step 1 먼저 혼자 읽은 후 듣고 따라 읽어 보세요.

Step 2 빈칸을 채우면서 철자와 뜻을 익혀 보세요.

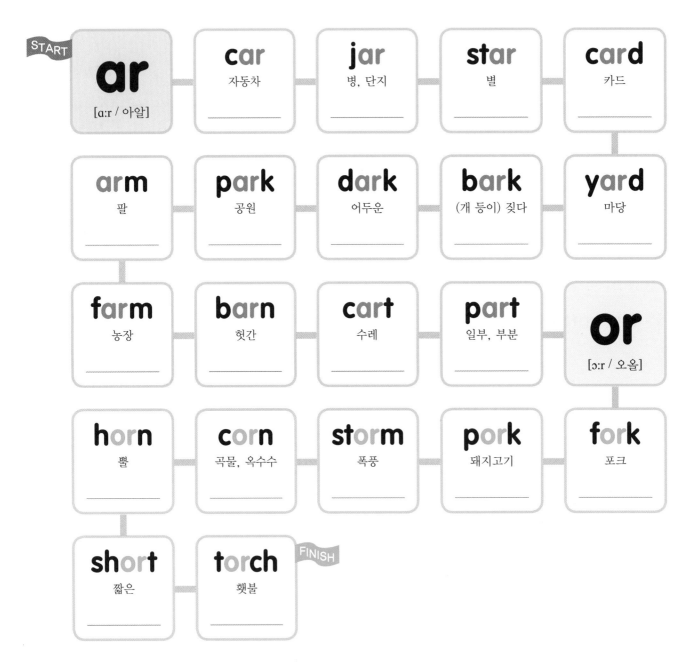

START

ar [ɑːr / 아알]	car 자동차	jar 병, 단지	star 별	card 카드
arm 팔	park 공원	dark 어두운	bark (개 등이) 짖다	yard 마당
farm 농장	barn 헛간	cart 수레	part 일부, 부분	or [ɔːr / 오올]
horn 뿔	corn 곡물, 옥수수	storm 폭풍	pork 돼지고기	fork 포크
short 짧은	torch 횃불 FINISH			

START

er
[ɜːr / 어얼]

herb
허브, 약초
_____

herd
(가축) 떼, 무리
_____

clerk
점원
_____

ir
[ɜːr / 어얼]

ur
[ɜːr / 어얼]

skirt
치마
_____

shirt
셔츠
_____

bird
새
_____

stir
휘젓다, 뒤섞다
_____

fur
(동물) 털, 모피
_____

burn
불타다, 태우다
_____

turn
돌다, 돌리다
_____

nurse
간호사
_____

purse
지갑
_____

FINISH

church
교회
_____

hurt
다치게 하다
_____

〈보기〉의 단어를 보고, 그림에 맞게 빈칸에 알맞은 글자를 써 보세요.

보기

bark   cart   skirt   corn   horn   burn   nurse   purse

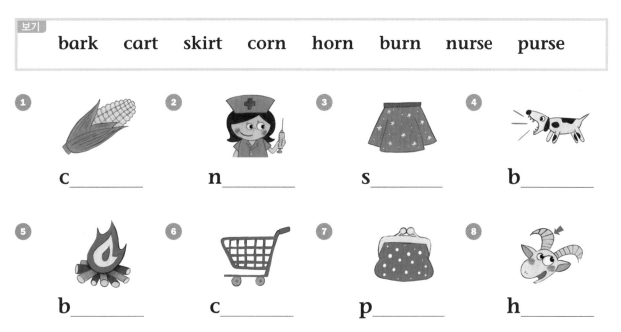

① c_____

② n_____

③ s_____

④ b_____

⑤ b_____

⑥ c_____

⑦ p_____

⑧ h_____

구 읽기 사이트워드를 이용해 구를 연습해요.

Step 1 먼저 듣고 따라 읽어 보세요.

Step 2 뜻을 생각하며 빈칸에 알맞은 단어를 써 보세요.

Let's + ~하다

~하자

_____ turn

돌자

_____ burn

태우자

_____ stir

젓자

_____ look

보자

_____ have

가지자, 먹자

look at + 동물/사물

~을 보다

_____ the bird

새를 보다

_____ the church

교회를 보다

_____ the nurse

간호사를 보다

_____ my skirt

나의 치마를 보다

_____ her arm

그녀의 팔을 보다

_____ your card

너의 카드를 보다

*문장이 Look at ~!으로 된 경우에는 '~을 봐/보세요!' 라는 뜻이에요.

his + 사물/동물

그의

_____ shirt

그의 셔츠

_____ fork

그의 포크

_____ torch

그의 횃불

in + 사물/장소

~(안)에, ~에서

_____ the park

공원에서

_____ the yard

마당에

_____ the dark barn

어두운 헛간에

문장 읽기 파닉스 단어와 사이트워드를 이용해 문장을 연습해요.

Step 1 그림을 보고, 괄호 안에서 알맞은 단어를 고르세요.

Step 2 문장을 듣고, 따라 읽으면서 답을 맞춰 보세요.

❶ Look at the (bird / herd)!

❷ Look at her short (shirt / skirt)!

❸ Let's (turn / stir) it.

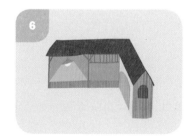

❹ His (card / cart) is in the yard.

❺ He was in the (park / dark).

❻ He is not in the dark (barn / bark).

Step 1 단어를 선택하고 순서대로 배열해 써 보세요.

Step 2 쓴 문장을 보며 다음 3가지를 확인해 보세요.　　☐ 첫 글자 대문자　☐ 띄어쓰기　☐ 문장 끝 문장 부호

① 저 새를 보세요!　at　the　Look　bird / corn　!

② 그것을 휘저어 보자.　it　stir / star　Look / Let's　.

③ 그녀의 짧은 치마를 보세요!　at　short　Look　skirt / shirt　her / my　!

④ 그는 공원에 있었어요.　was　park / part　He　the　in　.

⑤ 그의 수레는 마당에 있어요.　in　card / yard　His / Her　is　the　cart　.

⑥ 그는 어두운 헛간 안에 있지 않아요.

is　burn / barn　He　pork / dark　the　not　in / on　.

Step 1 우리말에 맞는 단어를 찾아 동그라미를 쳐 보세요.

Step 2 완전한 문장을 쓰고 읽어 보세요.

park	bark	torch	dark	yard	farm
Her	let's	His	at	look	her
short	My	card	in	bird	stir
hurt	nurse	the	fur	curl	corn
Let's	have	is	his	short	shirt
herd	Look	at	purse	clerk	herb

1 Look at 그의 짧은 셔츠를!

　➡ _____

2 봐요 the big star!

　➡ _____

3 그의 카드는 is in her purse.

　➡ _____

4 He was in the 어두운 마당.

　➡ _____

5 먹자 lunch in the park.

　➡ _____

unit 12

air, are, ear, ire, ore, ure

040

단어 읽기 파닉스 단어를 직접 발음하며 연습해요.

Step 1 먼저 혼자 읽은 후 듣고 따라 읽어 보세요.

Step 2 빈칸을 채우면서 철자와 뜻을 익혀 보세요.

START
air
[er / 에얼]

fair
공정한
_____

hair
머리카락
_____

pair
한 쌍
_____

chair
의자
_____

fare
요금
_____

care
보살피다
_____

bare
벌거벗은
_____

are
[er / 에얼]

stair
계단
_____

hare
*산토끼
_____

ware
상품, 용품
_____

scare
겁주다
_____

share
함께 쓰다
_____

stare
빤히 쳐다보다
_____

*토끼(rabbit)보다
귀와 다리가 더 크고
길어요.

FINISH
wear
입고[신고] 있다
_____

pear
(먹는) 배
_____

bear
곰
_____

ear
[er / 에얼]

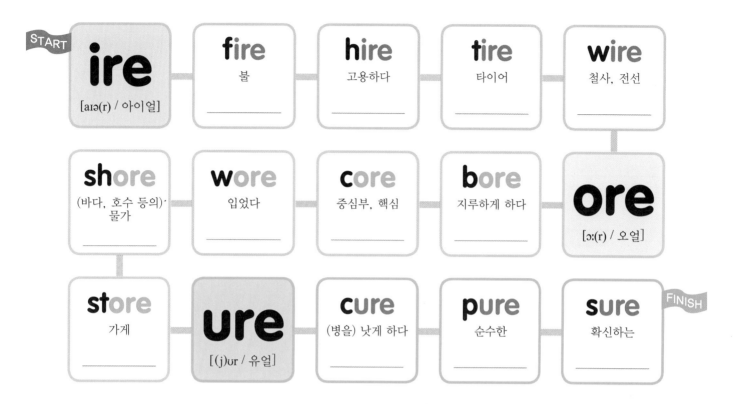

ire
[aɪə(r) / 아이얼]

fire
불
_____

hire
고용하다
_____

tire
타이어
_____

wire
철사, 전선
_____

shore
(바다, 호수 등의)·
물가
_____

wore
입었다
_____

core
중심부, 핵심
_____

bore
지루하게 하다
_____

ore
[ɔː(r) / 오얼]

store
가게
_____

ure
[(j)ʊr / 유얼]

cure
(병을) 낫게 하다
_____

pure
순수한
_____

sure
확신하는
_____

FINISH

🔔 〈보기〉의 단어를 보고, 그림에 맞게 빈칸에 알맞은 글자를 써 보세요.

보기

| stair | bare | stare | pear | wire | shore | store | cure |

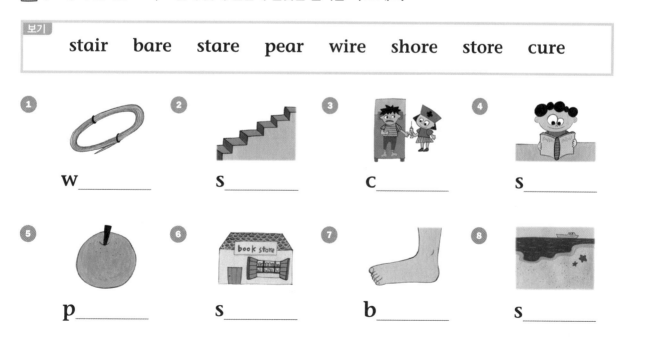

1. w_____

2. s_____

3. c_____

4. s_____

5. p_____

6. s_____

7. b_____

8. s_____

구 읽기 사이트워드를 이용해 구를 연습해요.

Step 1 먼저 듣고 따라 읽어 보세요.

Step 2 뜻을 생각하며 빈칸에 알맞은 단어를 써 보세요.

Who + ~하다 있다 있었다 + ?

누가?

_____ is ~?	누가 있니?
_____ has ~?	누가 가지고 있니?
_____ was ~?	누가 있었니?

will + ~하다

~할 것이다

_____ cure	낫게 할 것이다
_____ share	나눌 것이다
_____ wear	입을 것이다

on + 사물/장소

~(위)에

_____ the chair	의자에
_____ the stair	계단에
_____ his hair	그의 머리카락 위에
_____ the shore	바닷가에
_____ the fire	불 위에
_____ the tire	타이어 위에

~하다 + **at**

~을/를

look _____	~을 보다
stare _____	~을 빤히 쳐다보다

Will + 누가 + ?

~할 것이니?

_____ you ~?	너는 ~할 것이니?
_____ he ~?	그는 ~할 것이니?

문장 읽기 파닉스 단어와 사이트워드를 이용해 문장을 연습해요.

Step 1 그림을 보고, 괄호 안에서 알맞은 단어를 고르세요.

Step 2 문장을 듣고, 따라 읽으면서 답을 맞춰 보세요.

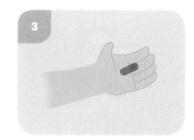

① Look at her (hair / pair)!

② Look at the (stair / bear)!

③ This will (cure / hire) you.

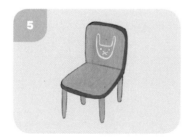

④ Will you share this (pear / chair)?

⑤ Who was on the (chair / pair)?

⑥ Who is on the (shore / pure)?

Step 1 단어를 선택하고 순서대로 배열해 써 보세요.

Step 2 쓴 문장을 보며 다음 3가지를 확인해 보세요. ☐ 첫 글자 대문자 ☐ 띄어쓰기 ☐ 문장 끝 문장 부호

① 저 곰을 봐! at   the   bear / bare   Look   !

② 이것이 당신을 낫게 할 거예요. will   me / you   This   cure / care   .

③ 그녀의 머리카락 좀 봐! her   Look   at / on   hare / hair   !

④ 의자에 누가 있었어요? chair / tire   on   the   was   Who   ? / !

⑤ 당신은 이 배를 나눠 먹을 거예요?

share / store   Will   this   pear / pair   you   ?

⑥ 바닷가에는 누가 있어요?

on   the   is   stair / shore   Who / Where   ?

Step 1 우리말에 맞는 단어를 찾아 동그라미를 쳐 보세요.

Step 2 완전한 문장을 쓰고 읽어 보세요.

hire	tire	shore	core	This	fair
Will	is	wire	hair	will	at
you	at	who	care	pear	the
cure	on	the	chair	in	fire
fare	bare	stare	it	sure	bear
pure	share	this	Who	was	ware

① Let's look <u>저 불을</u>!

→ _____

② I stare at the bear <u>의자 위에</u>.

→ _____

③ <u>당신은 ~할 건가요</u> wear this skirt?

→ _____

④ <u>누가 있었어요</u> on the stairs?

→ _____

⑤ <u>이것은 ~할 거예요</u> bore you.

→ _____

ea, ee

043

단어 읽기 파닉스 단어를 직접 발음하며 연습해요.

Step 1 먼저 혼자 읽은 후 듣고 따라 읽어 보세요.

Step 2 빈칸을 채우면서 철자와 뜻을 익혀 보세요.

START

ea
[i: / 이-]

sea
바다
_____

tea
차, 티
_____

leaf
(나뭇)잎
_____

beak
(새의) 부리
_____

seal
물개
_____

meal
식사
_____

heal
치유하다
_____

speak
이야기하다
_____

weak
약한
_____

steal
훔치다
_____

team
팀
_____

cream
크림
_____

dream
꿈(꾸다)
_____

bean
콩
_____

peach
복숭아
_____

beach
해변
_____

cheap
(값이) 싼
_____

clean
깨끗한; 청소하다
_____

jean
진, 청바지
_____

reach
도달하다
_____

teach
가르치다
_____

FINISH

ee
[i: / 이—]

bee 벌
_____

see 보다
_____

tree 나무
_____

need 필요로 하다
_____

feel 느끼다
_____

week 주, 일주일
_____

beef 소고기
_____

speed 속도
_____

seed 씨, 씨앗
_____

heel 뒤꿈치
_____

peel 껍질을 벗기다
_____

green 초록의, 푸른
_____

deep 깊은
_____

sheep 양
_____

FINISH

sweet 달콤한
_____

meet 만나다
_____

beet 비트, 사탕무우
_____

sleep 자다
_____

🔺 〈보기〉의 단어를 보고, 그림에 맞게 빈칸에 알맞은 글자를 써 보세요.

보기

| beak | weak | tea | meal | seal | leaf | beef | seed |

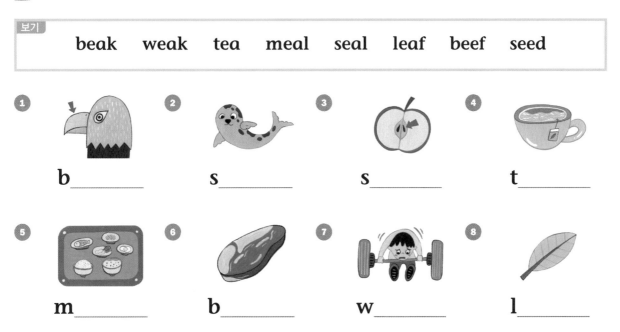

① b_____

② s_____

③ s_____

④ t_____

⑤ m_____

⑥ b_____

⑦ w_____

⑧ l_____

UNIT 13　91

044

사이트워드를 이용해 구를 연습해요.

Step 1 먼저 듣고 따라 읽어 보세요.

Step 2 뜻을 생각하며 빈칸에 알맞은 단어를 써 보세요.

_____ **some** _____ + 사물/동물

몇몇의, 약간의

_____ bees
벌 몇 마리

_____ weeks
몇 주

_____ seeds
씨 몇 개

_____ trees
나무 몇 그루

_____ sheep
양 몇 마리

_____ beef
소고기 약간

_____ **very** _____ + ~한

매우, 아주

_____ weak
매우 약한

_____ clean
아주 깨끗한

_____ cheap
매우 싼

_____ deep
아주 깊은

_____ sweet
매우 단

_____ green
아주 푸른

_____ **can't** _____ + ~하다

~할 수 없다

_____ steal
훔칠 수 없다

_____ speak
말할 수 없다

_____ teach
가르칠 수 없다

_____ feel
느낄 수 없다

_____ peel
껍질을 벗길 수 없다

_____ sleep
잘 수 없다

*some 뒤에는 하나가 아닌 여러 개를 나타내는 말이 와요. 이때 단어 뒤에 s를 붙여 여러 개를 나타내는 경우도 있어요.
*sheep는 한 마리일 때도 여러 마리일 때도 모양이 똑같아요.

문장 읽기 파닉스 단어와 사이트워드를 이용해 문장을 연습해요.

Step 1 그림을 보고, 괄호 안에서 알맞은 단어를 고르세요.

Step 2 문장을 듣고, 따라 읽으면서 답을 맞춰 보세요.

❶ The (team / cream) was very weak.

❷ The (peach / tea) is very cheap.

❸ I can't (peel / heel) the beet.

❹ I can't (speak / reach) in a dream.

❺ I need some (seeds / trees).

❻ The sheep can't (sleep / heel) here.

Step 1 단어를 선택하고 순서대로 배열해 써 보세요.

Step 2 쓴 문장을 보며 다음 3가지를 확인해 보세요.   ☐ 첫 글자 대문자   ☐ 띄어쓰기   ☐ 문장 끝 문장 부호

① 그 차는 값이 무척 싸요.   cheap / weak   is   tea   The   very   .

② 나는 씨가 몇 개 필요해요.   some / a   need / meet   I   weeks / seeds   .

③ 나는 꿈에서는 말할 수가 없어요.

a   speak   cream / dream   I   can't   in   .

④ 그 팀은 매우 약했어요.   meal / team   very   was   The   weak / sweet   .

⑤ 나는 비트의 껍질을 못 벗겨요.   the   feel / peel   We / I   can't   beet   .

⑥ 그 양은 여기에서 잘 수 없어요.

can't / can   sheep / tree   here   The   sleep   .

Step 1 우리말에 맞는 단어를 찾아 동그라미를 쳐 보세요.

Step 2 완전한 문장을 쓰고 읽어 보세요.

very	deep	a	dream	tea	is
at	teach	cream	jean	see	some
beach	leaf	I	can't	seed	sheep
bee	very	team	cheap	peach	peel
Will	sweet	can	meet	in	heel
green	see	We	need	The	need

❶ <u>나는 할 수 없어요</u> speak here.

➡️ _____

❷ The peach is <u>아주 달콤한</u>.

➡️ _____

❸ <u>우리는 필요해요</u> some weeks.

➡️ _____

❹ I see <u>양 몇 마리를</u>.

➡️ _____

❺ The sea is <u>아주 깊은</u>.

➡️ _____

oo, ew, ue, ui

046

단어 읽기 파닉스 단어를 직접 발음하며 연습해요.

Step 1 먼저 혼자 읽은 후 듣고 따라 읽어 보세요.

Step 2 빈칸을 채우면서 철자와 뜻을 익혀 보세요.

👄 oo 두 글자가 길게
[우ㅡ] 또는 짧게 [우]로
발음돼요.

START

oo
[u: / 우ㅡ]

food
식량, 음식
_____

mood
기분, 분위기
_____

roof
지붕
_____

cool
시원한
_____

room
방
_____

school
학교
_____

tool
도구
_____

pool
수영장, 웅덩이
_____

fool
바보
_____

bloom
꽃을 피우다
_____

moon
달
_____

noon
정오, 낮 12시
_____

spoon
숟가락
_____

boot
장화, 부츠
_____

FINISH

tooth
이
_____

choose
선택하다, 고르다
_____

shoot
(총 등을) 쏘다
_____

root
뿌리
_____

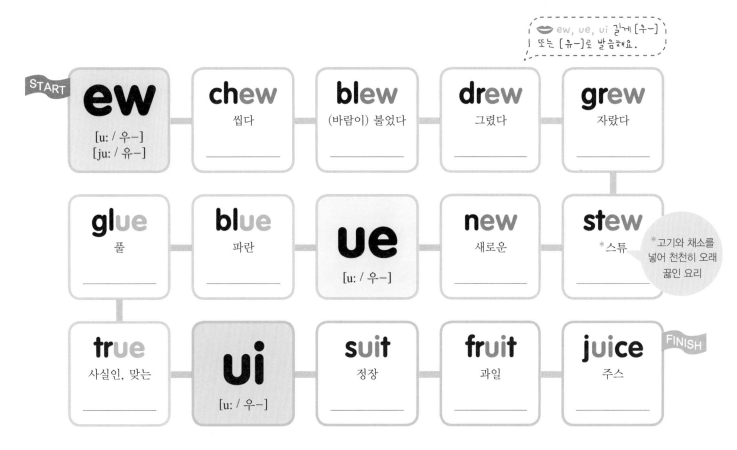

START

ew
[u: / 우-]
[ju: / 유-]

chew
씹다
_____

blew
(바람이) 불었다
_____

drew
그렸다
_____

grew
자랐다
_____

glue
풀
_____

blue
파란
_____

ue
[u: / 우-]

new
새로운
_____

stew
*스튜
_____

*고기와 채소를 넣어 천천히 오래 끓인 요리

true
사실인, 맞는
_____

ui
[u: / 우-]

suit
정장
_____

fruit
과일
_____

juice
주스
_____

FINISH

🔔 〈보기〉의 단어를 보고, 그림에 맞게 빈칸에 알맞은 글자를 써 보세요.

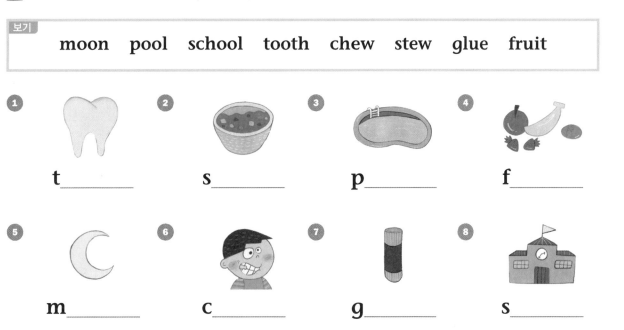

보기

| moon | pool | school | tooth | chew | stew | glue | fruit |

① t_____

② s_____

③ p_____

④ f_____

⑤ m_____

⑥ c_____

⑦ g_____

⑧ s_____

구 읽기 사이트워드를 이용해 구를 연습해요.

Step 1 먼저 듣고 따라 읽어 보세요.

Step 2 뜻을 생각하며 빈칸에 알맞은 단어를 써 보세요.

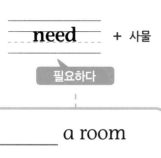

need + 사물
필요하다

_____ a room
방이 하나 필요하다

_____ a new glue
새 풀이 하나 필요하다

_____ a blue suit
파란색 정장이 필요하다

_____ some tools
도구가 몇 개 필요하다

_____ some juice
주스가 조금 필요하다

_____ some fruit
과일이 약간 필요하다

very + ~한
매우, 아주

_____ cool
아주 시원한

_____ new
아주 새로운

_____ true
매우 맞는

good + 사물/장소
좋은

_____ food
좋은 음식

a _____ school
좋은 학교

a _____ mood
좋은 기분

~하다 + **well**
잘

shoot _____
사격을 잘하다

choose _____
선택을 잘하다

chew _____
잘 씹다

drew _____
(그림을) 잘 그렸다

blew _____
(바람이) 잘 불었다

grew _____
잘 자랐다

파닉스 단어와 사이트워드를 이용해 문장을 연습해요.

Step 1 그림을 보고, 괄호 안에서 알맞은 단어를 고르세요.

Step 2 문장을 듣고, 따라 읽으면서 답을 맞춰 보세요.

❶ I need a blue (roof / suit).

❷ I need a new (juice / glue).

❸ He (blew / drew) a new moon well.　*new moon: 초승달

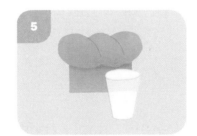
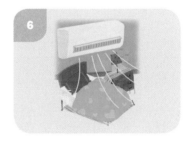

❹ He can (chew / grew) very well.　*very well: 아주 잘

❺ We choose good (food / mood).

❻ The room was very (cool / fool).

Step 1 단어를 선택하고 순서대로 배열해 써 보세요.

Step 2 쓴 문장을 보며 다음 3가지를 확인해 보세요. ☐ 첫 글자 대문자 ☐ 띄어쓰기 ☐ 문장 끝 문장 부호

① 우리는 좋은 음식을 골라요. choose   food / fool   We   good / well   .

② 그는 초승달을 잘 그렸어요. He   moon / noon   a   new   drew   well   .

③ 나는 파란색 정장이 한 벌 필요해요. suit   blue / true   I   have / need   a   .

④ 나는 새 풀이 하나 필요해요. a   I   new / grew   need   boot / glue   .

⑤ 그 방은 매우 시원했어요. very / well   pool / room   cool   The   was   .

⑥ 그는 매우 잘 씹을 수 있어요. can   He   chew / grew   well / will   very   .

Step 1 우리말에 맞는 단어를 찾아 동그라미를 쳐 보세요.

Step 2 완전한 문장을 쓰고 읽어 보세요.

mood	roof	blew	The	noon	shoot
cool	stew	good	spoon	drew	good
tooth	some	fruit	suit	she	pool
new	school	We	pool	root	boot
tool	fool	the	very	new	at
true	I	need	on	glue	room

❶ The roof is 아주 새로운.

➡ _____

❷ We need some 좋은 과일이.

➡ _____

❸ He drew a 새 학교를 well.

➡ _____

❹ They choose a 좋은 수영장을.

➡ _____

❺ 나는 필요해요 some fruit juice.

➡ _____

UNIT 14 **101**

o, aw, oo, u

049

단어 읽기 파닉스 단어를 직접 발음하며 연습해요.

Step 1 먼저 혼자 읽은 후 듣고 따라 읽어 보세요.

Step 2 빈칸을 채우면서 철자와 뜻을 익혀 보세요.

👄 o, aw 입을 크게
벌려 길게 [오—]로 발음
해요.

START

o
[ɔ: / 오—]

dog
개
_____

fog
안개
_____

log
통나무
_____

frog
개구리
_____

aw
[ɔ: / 오—]

cost
값, 비용
_____

cross
십자가; 건너다
_____

toss
던지다
_____

boss
두목, 사장
_____

jaw
(아래) 턱
_____

law
법
_____

paw
(동물의) 발
_____

saw
톱; 보았다
_____

hawk
매(새의 종류)
_____

FINISH

crawl
기다, 기어가다
_____

draw
그리다
_____

yawn
하품(하다)
_____

lawn
잔디
_____

dawn
새벽
_____

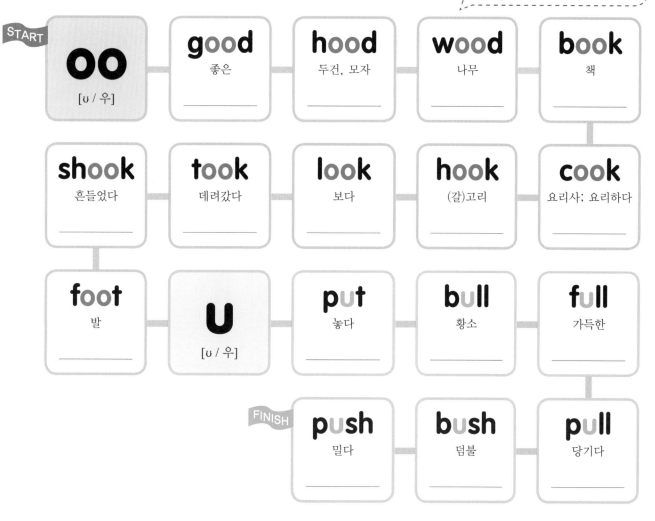

💬 oo, u 짧게 [우]로 발음해요.
oo는 길게 [우ー]로 발음할 때도 있어요.

START

oo
[ʊ / 우]

good
좋은

hood
두건, 모자

wood
나무

book
책

shook
흔들었다

took
데려갔다

look
보다

hook
(갈)고리

cook
요리사; 요리하다

foot
발

u
[ʊ / 우]

put
놓다

bull
황소

full
가득한

FINISH

push
밀다

bush
덤불

pull
당기다

⚖ 〈보기〉의 단어를 보고, 그림에 맞게 빈칸에 알맞은 글자를 써 보세요.

보기

cook　hood　pull　log　jaw　saw　frog　cross

① l_____

② h_____

③ c_____

④ s_____

⑤ c_____

⑥ j_____

⑦ f_____

⑧ p_____

UNIT 15　**103**

구 읽기 사이트워드를 이용해 구를 연습해요.

Step 1 먼저 듣고 따라 읽어 보세요.

Step 2 뜻을 생각하며 빈칸에 알맞은 단어를 써 보세요.

Did + 누가 ~하다 + ?

~했니?

_____ you draw ~?

네가 그렸니?

_____ you toss ~?

네가 던졌니?

_____ he yawn ~?

그가 하품했니?

_____ she cook ~?

그녀가 요리했니?

_____ she pull ~?

그녀가 당겼니?

_____ it crawl ~?

그것은 기어갔니?

didn't + ~하다

~하지 않았다

_____ pull

당기지 않았다

_____ cook

요리하지 않았다

_____ push

밀지 않았다

_____ put

놓지 않았다

_____ draw

그리지 않았다

_____ cross

건너지 않았다

Who + ~했다 + ?

누가

_____ took ~?

누가 데려갔니?

_____ saw ~?

누가 봤니?

_____ shook ~?

누가 흔들었니?

in + 사물/날씨/때

~(안)에, ~ 속에서

_____ the log

통나무 안에

_____ the fog

안개 속에

_____ the dawn

새벽에

문장 읽기 파닉스 단어와 사이트워드를 이용해 문장을 연습해요.

Step 1 그림을 보고, 괄호 안에서 알맞은 단어를 고르세요.

Step 2 문장을 듣고, 따라 읽으면서 답을 맞춰 보세요.

❶ Did you draw the (jog / frog)?

❷ Did the dog (crawl / paw) under it?   *under: ~ 아래로

❸ I didn't pull the (hook / cost).

❹ I didn't put the (wood / hood) there.   *there: 거기에

❺ Who took his (bull / wool)?

❻ Who saw the boss in the (fog / log)?

Step 1 단어를 선택하고 순서대로 배열해 써 보세요.

Step 2 쓴 문장을 보며 다음 3가지를 확인해 보세요. ☐ 첫 글자 대문자 ☐ 띄어쓰기 ☐ 문장 끝 문장 부호

1 그 개는 그것 아래로 기어갔나요? the   Did   dog   it   cross / crawl   under   ?

2 당신이 그 개구리를 그렸어요? frog / log   Did   the   draw / law   you   ?

3 누가 안개 속에서 사장님을 봤나요?

the   boss / toss   saw   the   Who   fog   in   ?

4 나는 나무를 거기에 두지 않았어요.

put / push   I   there   the   did / didn't   wood   .

5 나는 그 고리를 당기지 않았어요. the   full / pull   I   hood / hook   did / didn't   .

6 누가 황소를 데려갔나요? the   Who / Where   bull   took / book   ?

Step 1 우리말에 맞는 단어를 찾아 동그라미를 쳐 보세요.

Step 2 완전한 문장을 쓰고 읽어 보세요.

full	can	didn't	push	some	pull
bush	that	shook	good	a	hawk
draw	the	hawk	law	log	hood
moss	yawn	at	Did	you	cook
cross	Who	book	Can	jaw	paw
log	shook	Did	in	the	dawn

❶ I 밀지 않았어요 your foot.

→ _____

❷ Who saw 그 매를 in the fog?

→ _____

❸ 누가 흔들었나요 the bush?

→ _____

❹ 당신이 요리했나요 the good food?

→ _____

❺ The boss didn't draw 새벽에.

→ _____

ai, ay

052

단어 읽기 파닉스 단어를 직접 발음하며 연습해요.

Step 1 먼저 혼자 읽은 후 듣고 따라 읽어 보세요.

Step 2 빈칸을 채우면서 철자와 뜻을 익혀 보세요.

START

ai
[eɪ / 에이]

fail
실패하다
_____

hail
*우박
_____

jail
감옥
_____

mail
우편물, (컴퓨터) 메일
_____

pain
아픔, 통증
_____

snail
달팽이
_____

tail
꼬리
_____

sail
항해하다, 출항하다
_____

nail
손톱, 못
_____

rain
비; 비가 오다
_____

brain
뇌
_____

chain
사슬, 체인
_____

Spain
스페인
_____

train
기차
_____

*hail 우박: 하늘
에서 떨어지는
얼음덩어리

FINISH

paint
페인트(칠하다)
_____

faint
기절하다
_____

wait
기다리다
_____

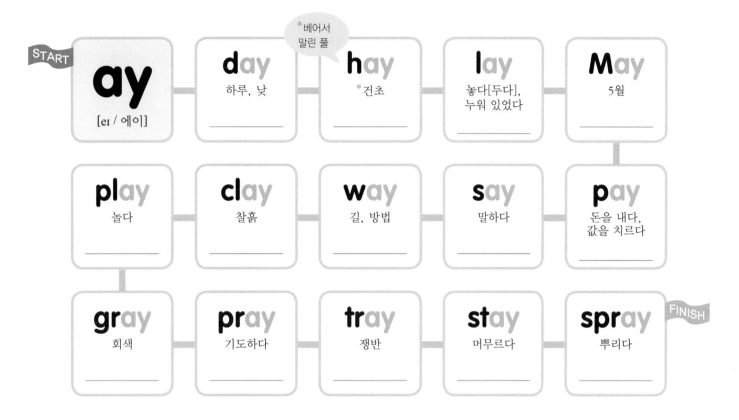

START

ay
[eɪ / 에이]

day
하루, 낮
_____

*베어서 말린 풀

hay
*건초
_____

lay
놓다[두다], 누워 있었다
_____

May
5월
_____

play
놀다
_____

clay
찰흙
_____

way
길, 방법
_____

say
말하다
_____

pay
돈을 내다, 값을 치르다
_____

gray
회색
_____

pray
기도하다
_____

tray
쟁반
_____

stay
머무르다
_____

spray
뿌리다
_____

FINISH

〈보기〉의 단어를 보고, 그림에 맞게 빈칸에 알맞은 글자를 써 보세요.

보기

| mail | nail | brain | rain | wait | hay | lay | pray |

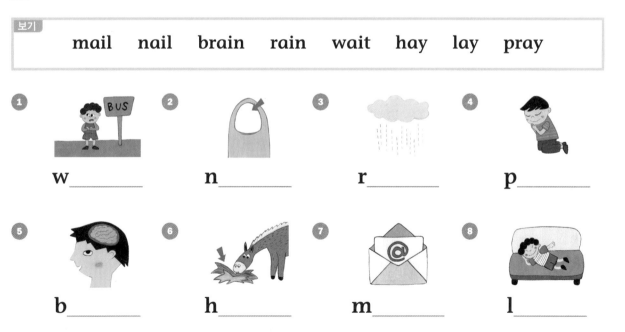

① w_____

② n_____

③ r_____

④ p_____

⑤ b_____

⑥ h_____

⑦ m_____

⑧ l_____

구 읽기 사이트워드를 이용해 구를 연습해요.

Step 1 먼저 듣고 따라 읽어 보세요.

Step 2 뜻을 생각하며 빈칸에 알맞은 단어를 써 보세요.

_____ **will** _____ + ~하다

[~할 것이다]

_____ pray
기도할 것이다

_____ say
말할 것이다

_____ faint
기절할 것이다

~하다 + _____ **for** _____

[~을 위해/향해]

wait _____
~을 기다리다

pray _____
~을 위해 기도하다

sail _____
~로[을 향해] 출항하다

~하다 + _____ **here** _____

[여기에(서)]

wait _____
여기에서 기다리다

stay _____
여기에 머물다

play _____
여기에서 놀다

paint _____
여기에서 페인트칠하다

spray _____
여기에 뿌리다

rain _____
여기에 비가 오다

_____ **Will** _____ + 너는 ~하다 + ?

[~할 것이니?]

_____ you pay ~?
너는 지불할 거니?

_____ you wait ~?
너는 기다릴 거니?

_____ you stay ~?
너는 머물 거니?

_____ **for** _____ + 사람/사물/장소

[~을 위해/향해]

_____ you
너를 위해

_____ the train
기차를 (위해)

_____ Spain
스페인을 향해

문장 읽기 파닉스 단어와 사이트워드를 이용해 문장을 연습해요.

Step 1 그림을 보고, 괄호 안에서 알맞은 단어를 고르세요.

Step 2 문장을 듣고, 따라 읽으면서 답을 맞춰 보세요.

❶ He will (paint / faint) here.

❷ They will (sail / fail) for Spain.

❸ I will (pray / play) for you.

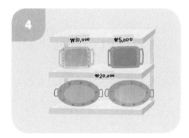

❹ I will pay for the (tray / clay).

❺ Will you (way / stay) here?

❻ Will you wait for the (train / mail)?

Step 1 단어를 선택하고 순서대로 배열해 써 보세요.

Step 2 쓴 문장을 보며 다음 3가지를 확인해 보세요.　　　□ 첫 글자 대문자　□ 띄어쓰기　□ 문장 끝 문장 부호

1 당신은 여기에 머물 거예요?　Will　you　here　stay / lay　?

_____

_____

- -

_____

2 그는 여기에서 페인트를 칠할 거예요.

will　there / here　pain / paint　He / She　.

_____

_____

- -

_____

3 그들은 스페인을 향해 출항할 거예요.

for　They　sail　Spain / May　will　.

_____

_____

- -

_____

4 내가 당신을 위해 기도할게요.　pray / gray　I　for　me / you　will　.

_____

_____

- -

_____

5 당신은 기차를 기다릴 거예요?　the　for　wait / way　train　Will　you　?

_____

_____

- -

_____

6 내가 쟁반 값을 낼게요.　for　pay / say　the　did / will　I　tray　.

_____

_____

- -

_____

Step 1 우리말에 맞는 단어를 찾아 동그라미를 쳐 보세요.

Step 2 완전한 문장을 쓰고 읽어 보세요.

tray	Will	don't	a	jail	train
tail	say	on	wait	for	you
rain	here	Spain	say	at	nail
faint	hail	brain	her	will	play
will	pay	way	pain	stay	May
lay	gray	lay	the	snail	for

❶ Will you 여기서 말하다**?**

➡ _____

❷ They 놀 거예요 **here.**

➡ _____

❸ We will 당신을 위해 기다리다**.**

➡ _____

❹ He 값을 낼 거예요 **for the hay.**

➡ _____

❺ Will you 그 달팽이를 두다 **here?**

➡ _____

oi, oy, ou, ow

단어 읽기 파닉스 단어를 직접 발음하며 연습해요.

Step 1 먼저 혼자 읽은 후 듣고 따라 읽어 보세요.

Step 2 빈칸을 채우면서 철자와 뜻을 익혀 보세요.

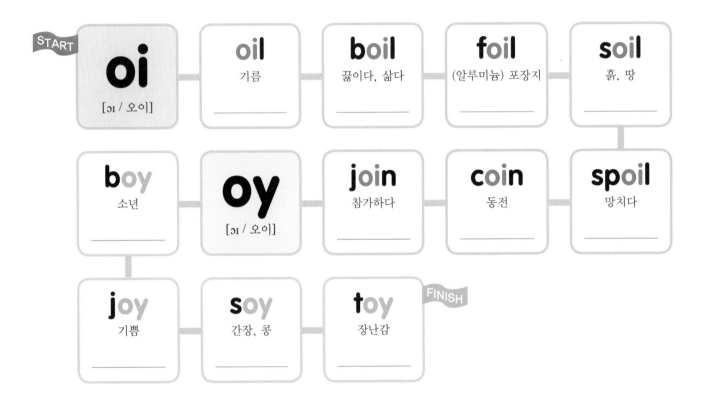

START

oi
[ɔɪ / 오이]

oil
기름
_____

boil
끓이다, 삶다
_____

foil
(알루미늄) 포장지
_____

soil
흙, 땅
_____

boy
소년
_____

oy
[ɔɪ / 오이]

join
참가하다
_____

coin
동전
_____

spoil
망치다
_____

joy
기쁨
_____

soy
간장, 콩
_____

toy
장난감
_____

FINISH

〈보기〉의 단어를 보고, 그림에 맞게 빈칸에 알맞은 글자를 써 보세요.

보기
boil   soil   boy   toy

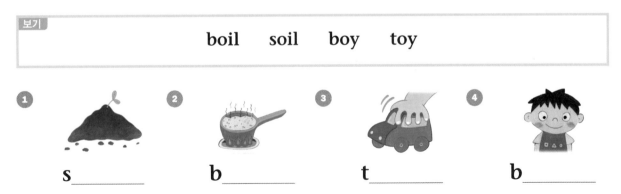

① s_____ ② b_____ ③ t_____ ④ b_____

START

ou
[aʊ / 아우]

loud
시끄러운
_____

cloud
구름
_____

shout
외치다, 소리치다
_____

couch
긴 의자, 소파
_____

sound
소리
_____

round
둥근
_____

hound
사냥개
_____

found
발견했다
_____

pouch
주머니
_____

ground
땅
_____

count
(수를) 세다
_____

house
집
_____

mouse
쥐
_____

ow
[aʊ / 아우]

town
마을, 도시
_____

gown
드레스, 가운
_____

down
아래로
_____

cow
암소
_____

bow
절하다
_____

brown
갈색(의)
_____

clown
어릿광대
_____

crown
왕관
_____

FINISH

⚖ 〈보기〉의 단어를 보고, 그림에 맞게 빈칸에 알맞은 글자를 써 보세요.

보기

house　　　ground　　　bow　　　crown

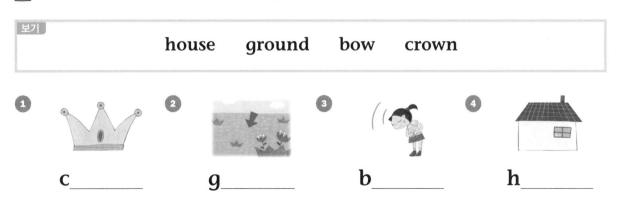

1　c_____

2　g_____

3　b_____

4　h_____

Step 1 먼저 듣고 따라 읽어 보세요.

Step 2 뜻을 생각하며 빈칸에 알맞은 단어를 써 보세요.

_____ **likes** + 사물

좋아하다

_____ **don't** + 하다

~하지 않다

_____ **little** + 사람/사물/장소

어린, 작은

_____ the gown

그 가운을 좋아하다

_____ the crown

그 왕관을 좋아하다

_____ the house

그 집을 좋아하다

_____ the cloud

구름을 좋아하다

_____ his toy

그의 장난감을 좋아하다

_____ my pouch

나의 주머니를 좋아하다

_____ boil

끓이지 않다

_____ spoil

망치지 않다

_____ join

참가하지 않다

_____ shout

외치지 않다

_____ count

세지 않다

_____ like

좋아하지 않다

a _____ boy

어린 소년

a _____ sound

조그만 소리

a _____ house

작은 집

the _____ pouch

그 작은 주머니

the _____ clown

그 어린 광대

the _____ town

그 작은 도시

*likes 앞에는 나(I)도 아니고,
너(You)도 아닌 1명[개]의 사람
이나 동물, 사물이 와요.

문장 읽기 파닉스 단어와 사이트워드를 이용해 문장을 연습해요.

Step 1 그림을 보고, 괄호 안에서 알맞은 단어를 고르세요.

Step 2 문장을 듣고, 따라 읽으면서 답을 맞춰 보세요.

❶ I don't like the (sound / round).

❷ She likes the little (clown / town).

❸ The little boy likes his (toy / soy).

  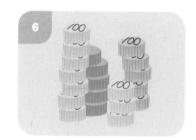

❹ The hound likes my (pouch / crown).

❺ We don't (boil / join) the eggs.   *eggs: 달걀들

❻ They don't (count / crown) coins.   *coins: 동전들

Step 1 단어를 선택하고 순서대로 배열해 써 보세요.

Step 2 쓴 문장을 보며 다음 3가지를 확인해 보세요. ☐ 첫 글자 대문자 ☐ 띄어쓰기 ☐ 문장 끝 문장 부호

❶ 그들은 동전을 세지 않아요. count They coins / soil don't / didn't .

❷ 그 어린 소년은 그의 장난감을 좋아해요.

likes The his boy / joy little toy .

❸ 나는 그 소리를 좋아하지 않아요.

did / don't I sound / round like the .

❹ 우리는 달걀을 삶지 않아요. spoil / boil We eggs do / don't the .

❺ 그 사냥개는 내 주머니를 좋아해요. hound pouch / couch my likes The .

❻ 그녀는 그 어린 광대를 좋아해요. the clown / crown little likes / is She .

복습하기

Step 1 우리말에 맞는 단어를 찾아 동그라미를 쳐 보세요.

Step 2 완전한 문장을 쓰고 읽어 보세요.

cow	ground	couch	I	A	cloud
pouch	He	The	brown	gown	mouse
loud	town	little	down	is	don't
soy	round	cow	his	cow	shout
She	likes	joy	bow	my	oil
boil	join	foil	little	coin	Did

❶ The 작은 암소가 **found his crown.**

➡ _____

❷ 그녀는 좋아해요 **the little house.**

➡ _____

❸ They 소리치지 않아요.

➡ _____

❹ The little clown likes the 갈색 가운을.

➡ _____

❺ The little mouse found a 작은 동전을.

➡ _____

Part 3
이중 글자·묵음 / 사이트워드

파닉스 규칙을 생각하며 따라 읽어 보세요.

A 두 글자가 하나의 소리로 나요.

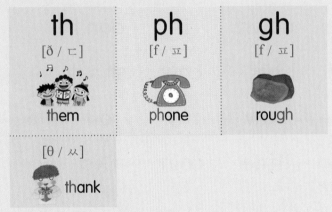

th	ph	gh
[ð / ㄷ]	[f / ㅍ]	[f / ㅍ]
them	phone	rough

th
[θ / ㅆ]
thank

B 두 글자 중 하나만 소리가 나요.

wh	wr	kn	gu	mb
[w / 우]	[r / ㄹ]	[n / ㄴ]	[g / ㄱ]	[m / ㅁ]
wheel	wrist	kneel	guitar	lamb

C 두 글자 모두 소리가 나지 않아요.

gh

sigh

D 같은 글자도 뒤의 모음에 따라 발음이 달라져요.

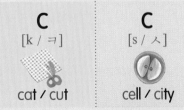

c	c
[k / ㅋ]	[s / ㅅ]
cat / cut	cell / city

사이트워드 다음 중 뜻을 알고 있는 단어에 ∨표를 해 보세요.

A 기본 사이트워드

that ☐　new ☐　so ☐　did ☐　may ☐
must be ☐　again ☐　how to ☐

B 동작이나 상태

said ☐　saw ☐　liked ☐　need to ☐
am ☐　are ☐　is ☐　be ☐　was ☐

C 사람·사물을 대신하는 말

me ☐　you ☐
his ☐

D 위치, 시간, 방법

on ☐　in ☐
to ☐

E 부정

don't ☐　can't ☐　won't ☐

ff, ll, ss, zz

060

단어 읽기 파닉스 단어를 직접 발음하며 연습해요.

Step 1 먼저 혼자 읽은 후 듣고 따라 읽어 보세요.

Step 2 빈칸을 채우면서 철자와 뜻을 익혀 보세요.

👄 ff, ss, zz 반복되는
글자는 한 번만 발음해요.

START

-ff
[f / ㅍ]

cuff
소매 끝
_____

staff
직원
_____

stiff
뻣뻣한
_____

stuff
물건
_____

*mall
쇼핑몰
_____

*fall
떨어지다
_____

*call
부르다
_____

*ball
공
_____

-ll
[l / ㄹ]

👄 -all의 a는
[오–] 소리가
나요.

*tall
키가 큰, 높은
_____

*wall
벽
_____

bell
종, 벨
_____

fell
떨어졌다
_____

sell
팔다
_____

FINISH

pill
알약
_____

hill
언덕
_____

fill
채우다
_____

bill
계산서
_____

tell
말하다
_____

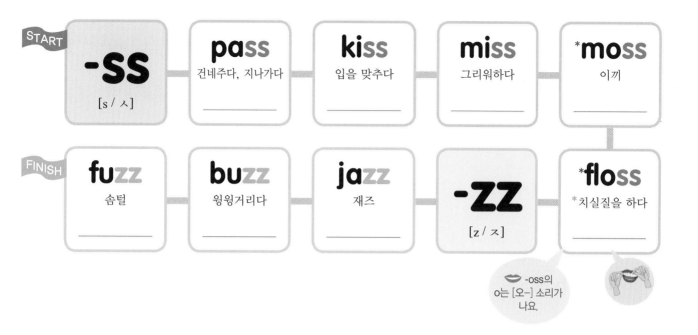

START

-SS
[s / ㅅ]

pass
건네주다, 지나가다
_____

kiss
입을 맞추다
_____

miss
그리워하다
_____

***moss**
이끼
_____

FINISH

fuzz
솜털
_____

buzz
윙윙거리다
_____

jazz
재즈
_____

-ZZ
[z / ㅈ]

***floss**
*치실질을 하다
_____

-oss의 o는 [오-] 소리가 나요.

〈보기〉의 단어를 보고, 그림에 맞게 빈칸에 알맞은 글자를 써 보세요.

보기

cuff ball tall pill moss jazz buzz fuzz

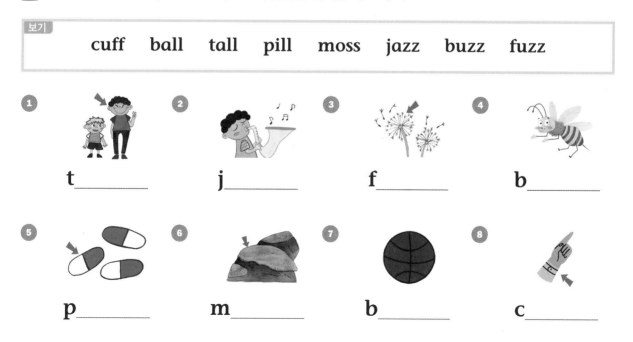

1 t_____

2 j_____

3 f_____

4 b_____

5 p_____

6 m_____

7 b_____

8 c_____

구 읽기 사이트워드를 이용해 구를 연습해요.

Step 1 먼저 듣고 따라 읽어 보세요.

Step 2 뜻을 생각하며 빈칸에 알맞은 단어를 써 보세요.

__that__ + 사물/사람

저, 그

_____ ball
저 공

_____ bell
저 종

_____ bill
저 계산서

_____ pill
저 알약

_____ tall wall
저 높은 벽

_____ tall staff
저 키 큰 직원

__need to__ + ~하다

~해야 하다

_____ sell
팔아야 하다

_____ fill
채워야 하다

_____ pass
건네줘야 하다

_____ fall
떨어져야 하다

_____ tell
말해야 하다

_____ floss
치실질을 해야 하다

~하다 + __me__

나를, 나에게

kiss _____
나에게 키스하다

Call _____
나를 불러라

Sell _____
나에게 팔아라

*문장 맨 처음에 Call, Sell처럼 '~하다'의 단어가 먼저 오면 '~해라'라는 명령의 뜻이에요.

~하다 + __you__

너를, 너에게

pass _____
너에게 건네다

tell _____
너에게 말하다

miss _____
너를 그리워하다

문장 읽기 파닉스 단어와 사이트워드를 이용해 문장을 연습해요.

Step 1 그림을 보고, 괄호 안에서 알맞은 단어를 고르세요.

Step 2 문장을 듣고, 따라 읽으면서 답을 맞춰 보세요.

① I need to (call / tell) you.

② You need to (floss / moss).

③ He will (miss / pass) you.

④ My kid will (miss / kiss) me.

⑤ I need to pass you that (pill / bill).

⑥ Sell me that (bell / hill), please.

*please: 남에게 정중하게 부탁할 때 덧붙여서 '~해 주세요'라는 의미로 쓰여요.

Step 1 단어를 선택하고 순서대로 배열해 써 보세요.

Step 2 쓴 문장을 보며 다음 3가지를 확인해 보세요. ☐ 첫 글자 대문자 ☐ 띄어쓰기 ☐ 문장 끝 문장 부호

① 당신은 치실질을 해야 해요. floss / jazz   need   We / You   to   .

② 나는 당신에게 저 계산서를 건네줘야 해요.

to   bill   you   that   pass / kiss   need   I   .

③ 내가 당신에게 말해 줘야 해요. I   me / you   tall / tell   to   need   .

④ 제게 저 종을 파세요. Sell / Tell   bill / bell   me   that   , please   .

⑤ 그는 당신을 그리워할 거예요. will   moss / miss   me / you   He   .

⑥ 내 아이는 나에게 키스할 거예요. me   will   My / Your   kid   pass / kiss   .

Step 1 문장이 되도록 각각 알맞은 단어를 하나 골라 선으로 연결하세요.

Step 2 선택한 단어를 순서대로 나열해 완전한 문장을 쓰고 읽어 보세요.

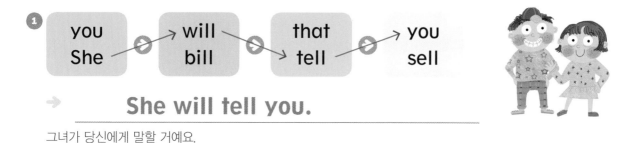

➡️ __She will tell you.__

그녀가 당신에게 말할 거예요.

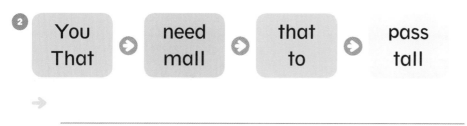

➡️ _____

당신은 통과해야 해요.

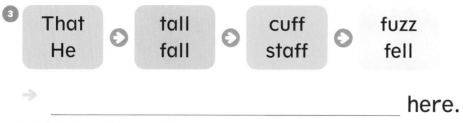

➡️ _____ here.

저 키가 큰 직원이 여기에 떨어졌어요.

➡️ _____

저 물건을 나에게 건네줘.

1과 짝을 이루는 글자

단어 읽기 파닉스 단어를 직접 발음하며 연습해요.

063

Step 1 먼저 혼자 읽은 후 듣고 따라 읽어 보세요.

Step 2 빈칸을 채우면서 철자와 뜻을 익혀 보세요.

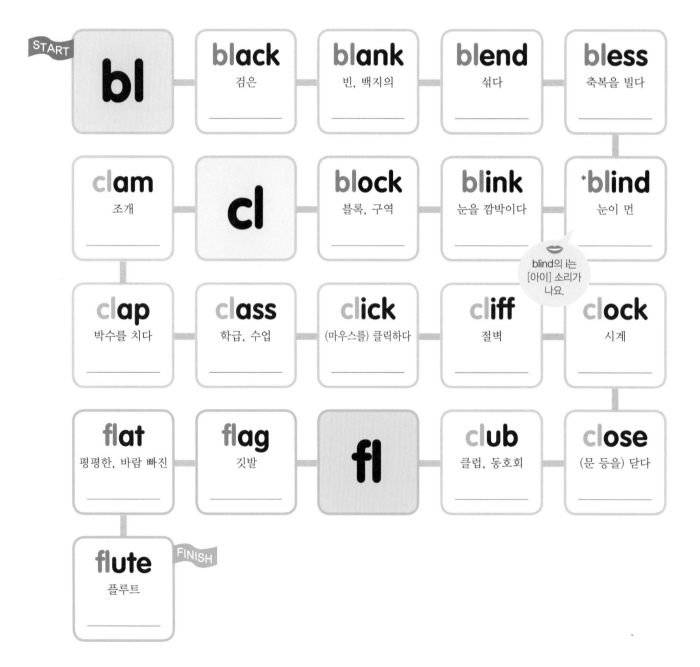

START

| **bl** | **black** 검은 | **blank** 빈, 백지의 | **blend** 섞다 | **bless** 축복을 빌다 |

| **clam** 조개 | **cl** | **block** 블록, 구역 | **blink** 눈을 깜박이다 | ***blind** 눈이 먼 |

blind의 i는 [아이] 소리가 나요.

| **clap** 박수를 치다 | **class** 학급, 수업 | **click** (마우스를) 클릭하다 | **cliff** 절벽 | **clock** 시계 |

| **flat** 평평한, 바람 빠진 | **flag** 깃발 | **fl** | **club** 클럽, 동호회 | **close** (문 등을) 닫다 |

| **flute** 플루트 | FINISH |

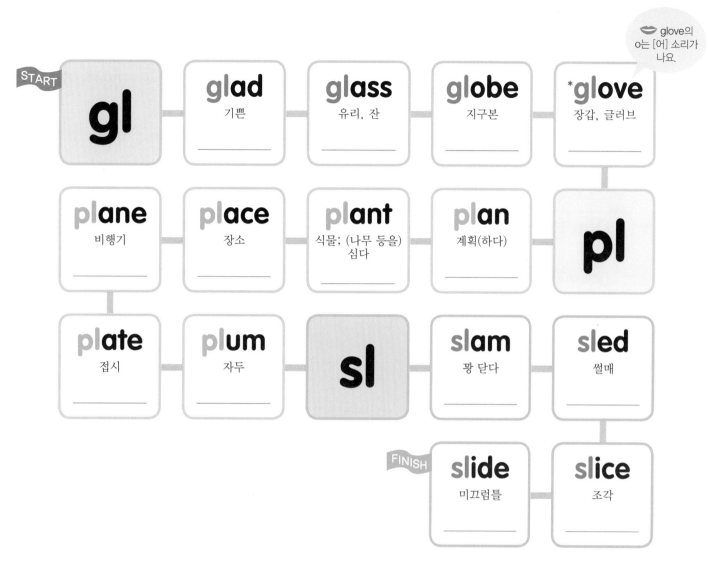

글love의
으는 [어] 소리가
나요.

START

gl	glad	glass	globe	*glove
	기쁜	유리, 잔	지구본	장갑, 글러브

plane	place	plant	plan	pl
비행기	장소	식물; (나무 등을) 심다	계획(하다)	

plate	plum	sl	slam	sled
접시	자두		쾅 닫다	썰매

FINISH

slide	slice
미끄럼틀	조각

〈보기〉의 단어를 보고, 그림에 맞게 빈칸에 알맞은 글자를 써 보세요.

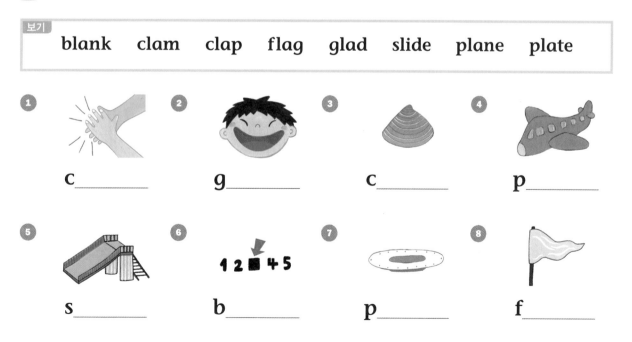

보기

blank   clam   clap   flag   glad   slide   plane   plate

1 c_____

2 g_____

3 c_____

4 p_____

5 s_____

6 b_____

7 p_____

8 f_____

구 읽기 사이트워드를 이용해 구를 연습해요.

Step 1 먼저 듣고 따라 읽어 보세요.

Step 2 뜻을 생각하며 빈칸에 알맞은 단어를 써 보세요.

___**Don't**___ + ~하다

~하지 마

_____ plant

심지 마

_____ close

닫지 마

_____ slam

쾅 닫지 마

_____ blink

눈을 깜박이지 마

_____ clap

박수를 치지 마

_____ click

클릭하지 마

___**liked**___ + 사물

좋아했다

_____ this glove

이 장갑을 좋아했다

_____ the plum

그 자두를 좋아했다

_____ that slide

저 미끄럼틀을 좋아했다

_____ my flute

나의 플루트를 좋아했다

_____ his clock

그의 시계를 좋아했다

_____ her class

그녀의 수업을 좋아했다

___**new**___ + 사물/장소

새로운

a _____ glass

새 유리잔

a _____ sled

새 썰매

my _____ plan

나의 새 계획

the _____ class

새로운 반

his _____ flag

그의 새 깃발

his _____ clock

그의 새 시계

문장 읽기 파닉스 단어와 사이트워드를 이용해 문장을 연습해요.

Step 1 그림을 보고, 괄호 안에서 알맞은 단어를 고르세요.

Step 2 문장을 듣고, 따라 읽으면서 답을 맞춰 보세요.

➊ He liked his new (flag / club).

➋ He liked the new (plate / sled).

➌ She liked the (plum / plane).

➍ That boy liked his new (clock / flute).

➎ Don't (clap / blink) your eyes.   *eyes: eye(눈)가 2개니까 s를 끝에 붙여요.

➏ Don't (slam / slide) the door.

Step 1 단어를 선택하고 순서대로 배열해 써 보세요.

Step 2 쓴 문장을 보며 다음 3가지를 확인해 보세요. ☐ 첫 글자 대문자 ☐ 띄어쓰기 ☐ 문장 끝 문장 부호

① 저 소년은 그의 새 시계를 좋아했어요.

boy   That   his   click / clock   liked   new   .

② 그녀는 그 자두를 좋아했어요.   the   It / She   plane / plum   liked   .

③ 그는 새 썰매를 좋아했어요.   liked   slice / sled   He   new / good   the   .

④ 그는 그의 새 깃발을 좋아했어요.   flute / flag   new   He   his   liked / like   .

⑤ 문을 쾅 닫지 마.   the / my   slam / clam   door   Don't   .

⑥ 네 눈을 깜빡이지 마.   your   eyes   blend / blink   Do / Don't   .

Step 1 문장이 되도록 각각 알맞은 단어를 하나 골라 선으로 연결하세요.

Step 2 선택한 단어를 순서대로 나열해 완전한 문장을 쓰고 읽어 보세요.

1

그는 그의 장갑을 좋아했어요.

2

책을 덮지 마.

3

그녀는 나의 새 계획을 좋아했어요.

4

손뼉을 치지 마.

r과 짝을 이루는 글자

066

단어 읽기 파닉스 단어를 직접 발음하며 연습해요.

Step 1 먼저 혼자 읽은 후 듣고 따라 읽어 보세요.

Step 2 빈칸을 채우면서 철자와 뜻을 익혀 보세요.

START

br

brand 상표, 브랜드

branch 나뭇가지

brave 용감한

brick 벽돌

crack 금이 가다

crab 게

cr

brush 솔; 솔질하다

broken 부서진

crop 농작물

dr

drag 끌다

dress 드레스

drink 마시다

fresh 신선한

fr

drum 드럼

drop 떨어지다

drive 운전하다

frost *서리

frozen 얼어붙은

FINISH

*frost 서리: 공기 중의 기체 상태의 물이 땅 위의 물체 겉에 얼어붙은 것

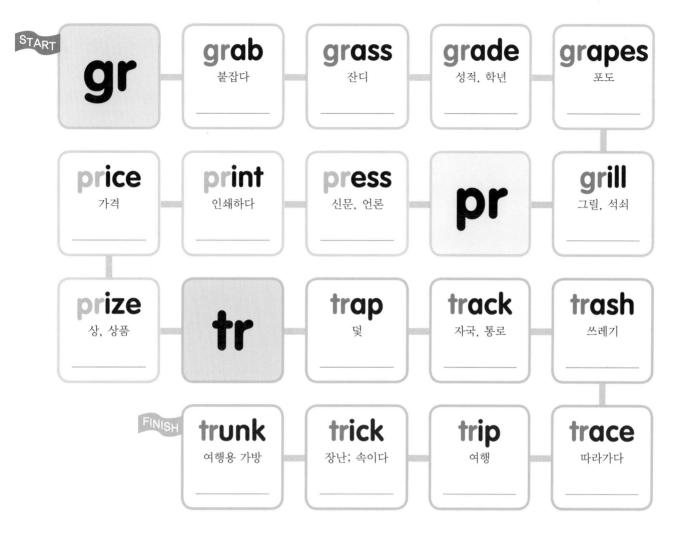

START	grab 붙잡다	grass 잔디	grade 성적, 학년	grapes 포도

gr

price 가격	print 인쇄하다	press 신문, 언론	**pr**	grill 그릴, 석쇠

prize 상, 상품	**tr**	trap 덫	track 자국, 통로	trash 쓰레기

FINISH	trunk 여행용 가방	trick 장난; 속이다	trip 여행	trace 따라가다

〈보기〉의 단어를 보고, 그림에 맞게 빈칸에 알맞은 글자를 써 보세요.

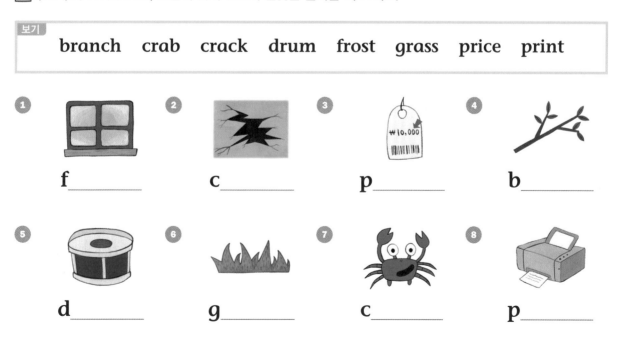

보기

branch   crab   crack   drum   frost   grass   price   print

① f_____

② c_____

③ p_____

④ b_____

⑤ d_____

⑥ g_____

⑦ c_____

⑧ p_____

구 읽기 사이트워드를 이용해 구를 연습해요.

Step 1 먼저 듣고 따라 읽어 보세요.

Step 2 뜻을 생각하며 빈칸에 알맞은 단어를 써 보세요.

> *Are 뒤에는 you, we, 또는 2명[개] 이상의 사람이나 사물, 동물이 와요.

I am + ~한
나는 ~이다

_____ brave
나는 용감하다(이다 + 용감한)

_____ not brave
나는 용감하지 않다

Are + 누가/무엇이 + ?
~이니?

_____ you ~?
너는 ~이니?

_____ we ~?
우리는 ~이니?

_____ the grapes ~?
그 포도는 ~이니?

can't + ~하다
~할 수 없다

_____ grab
붙잡을 수 없다

_____ drink
마실 수 없다

_____ trick
속일 수 없다

> *Is 뒤에는 he, she, 또는 1명[개]의 사람이나 사물, 동물이 와요.

Is + 누가/무엇이 + ?
~이니?

_____ he ~?
그는 ~이니?

_____ the price ~?
그 가격은 ~이니?

_____ the drum ~?
그 드럼은 ~이니?

are + ~한
~이다

_____ fresh
신선하다(이다 + 신선한)

_____ broken
부서졌다(이다 + 부서진)

_____ not fresh
신선하지 않다

on + 사물
~(위)에

_____ the grill
그릴 위에

_____ the trunk
여행용 가방 위에

_____ the branch
나뭇가지에

문장 읽기 파닉스 단어와 사이트워드를 이용해 문장을 연습해요.

Step 1 그림을 보고, 괄호 안에서 알맞은 단어를 고르세요.

Step 2 문장을 듣고, 따라 읽으면서 답을 맞춰 보세요.

1 I am very (brave / brand).

2 I can't (drive / drink) it.

3 Are the grapes (fresh / frost)?

4 Is the (brick / drum) broken?

5 Is the (trick / dress) on the branch?

6 Is the (grill / trash) on the trunk?

Step 1 단어를 선택하고 순서대로 배열해 써 보세요.

Step 2 쓴 문장을 보며 다음 3가지를 확인해 보세요.　　☐ 첫 글자 대문자　☐ 띄어쓰기　☐ 문장 끝 문장 부호

1 드럼이 망가졌나요?　drum / crab　the　Is　broken / frozen　?

_____

- -

_____

2 그 포도는 싱싱한가요?　brush / fresh　the　Are　grapes / trash　?

_____

- -

_____

3 나는 그것을 마실 수가 없어요.　it　print / drink　I　can / can't　.

_____

- -

_____

4 나는 매우 용감해요.　brush / brave　are / am　very　I　.

_____

- -

_____

5 그 드레스가 나뭇가지에 있나요?

the　grass / branch　dress　Is　the　on　?

_____

- -

_____

6 그릴이 여행 가방 위에 있나요?

the　Is / It　trick / trunk　the　on　grill　?

_____

- -

_____

Step 1 문장이 되도록 각각 알맞은 단어를 하나 골라 선으로 연결하세요.

Step 2 선택한 단어를 순서대로 나열해 완전한 문장을 쓰고 읽어 보세요.

1

Are / Is	▸	you / I	▸	very / crack	▸	brick / brave

➡ _____

너는 아주 용감하니?

2

Is / it	▸	the / new	▸	crab / trip	▸	frozen / print

➡ _____

그 게가 얼었나요?

3

She / Is	▸	am / your	▸	trunk / trick	▸	broken / trace

➡ _____

너의 여행용 가방이 망가졌니?

4

Is / I	▸	can't / am	▸	print / prize	▸	it / trash

➡ _____

나는 그것을 프린트할 수 없어요.

S와 짝을 이루는 글자

069

단어 읽기 파닉스 단어를 직접 발음하며 연습해요.

Step 1 먼저 혼자 읽은 후 듣고 따라 읽어 보세요.

Step 2 빈칸을 채우면서 철자와 뜻을 익혀 보세요.

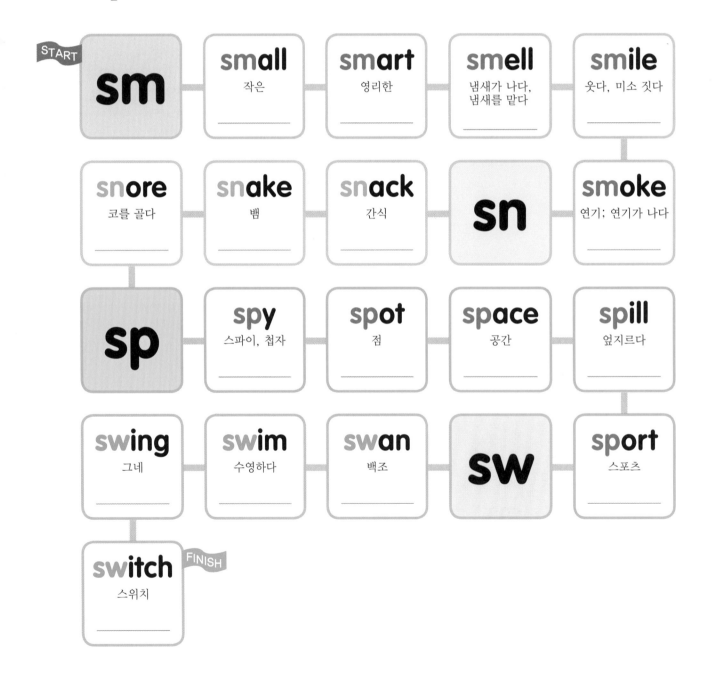

START

sm

small 작은

smart 영리한

smell 냄새가 나다, 냄새를 맡다

smile 웃다, 미소 짓다

snore 코를 골다

snake 뱀

snack 간식

sn

smoke 연기; 연기가 나다

sp

spy 스파이, 첩자

spot 점

space 공간

spill 엎지르다

swing 그네

swim 수영하다

swan 백조

sw

sport 스포츠

switch 스위치 FINISH

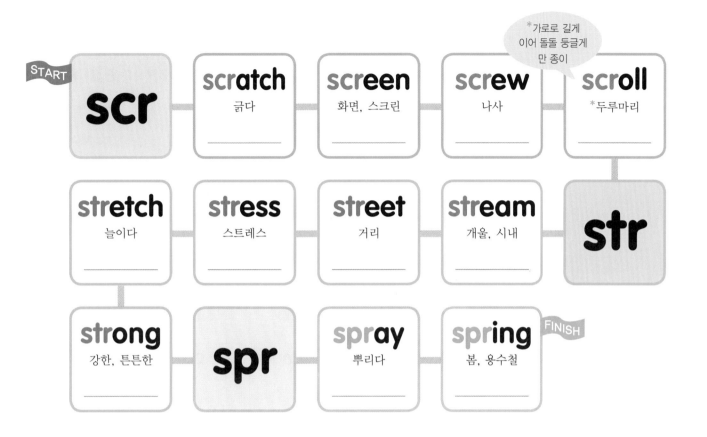

START

scr

scratch
긁다
_____

screen
화면, 스크린
_____

screw
나사
_____

scroll
*두루마리
_____

*가로로 길게 이어 돌돌 둥글게 만 종이

stretch
늘이다
_____

stress
스트레스
_____

street
거리
_____

stream
개울, 시내
_____

str

strong
강한, 튼튼한
_____

spr

spray
뿌리다
_____

spring
봄, 용수철
_____

FINISH

⚖ 〈보기〉의 단어를 보고, 그림에 맞게 빈칸에 알맞은 글자를 써 보세요.

보기

snack   spray   spill   swing   screen   screw   strong   swim

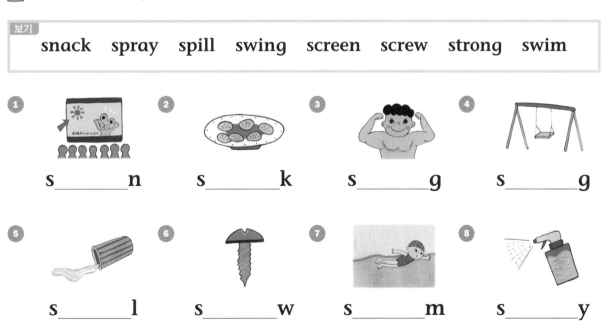

① s_____n

② s_____k

③ s_____g

④ s_____g

⑤ s_____l

⑥ s_____w

⑦ s_____m

⑧ s_____y

구 읽기 사이트워드를 이용해 구를 연습해요.

Step 1 먼저 듣고 따라 읽어 보세요.

Step 2 뜻을 생각하며 빈칸에 알맞은 단어를 써 보세요.

___ **may** ___ + ~하다

〔~일지도 모른다〕

_____ smile

웃을지도 모른다

_____ smoke

연기가 날지도 모른다

_____ smell

냄새가 날지도 모른다

_____ snore

코를 골지도 모른다

_____ swim

수영할지도 모른다

_____ spill

엎지를지도 모른다

누가 + ___ **said** ___

〔말했다〕

I _____

내가 말했다

We _____

우리가 말했다

He _____

그가 말했다

~하다 + ___ **again** ___

〔다시〕

smile _____

다시 웃다

scratch _____

다시 긁다

spray _____

다시 뿌리다

___ **saw** ___ + 사물/동물/사람

〔보았다〕

_____ a swan

백조 한 마리를 보았다

_____ a swing

그네를 보았다

_____ the spy

그 스파이를 보았다

_____ a small spot

작은 점을 보았다

_____ a smart boy

영리한 소년을 보았다

_____ a strong spring

강한 용수철을 보았다

문장 읽기 파닉스 단어와 사이트워드를 이용해 문장을 연습해요.

Step 1 그림을 보고, 괄호 안에서 알맞은 단어를 고르세요.

Step 2 문장을 듣고, 따라 읽으면서 답을 맞춰 보세요.

❶ He said to the (spy / snake).

❷ I saw a strong (screw / spring).

❸ I saw a (swan / spot) in the lake.

❹ We saw a (swing / snack) there.

❺ I may (smell / snore) again.

❻ I may (scratch / spray) the screen again.

문장 만들기 파닉스 단어와 사이트워드를 이용해 문장을 연습해요.

Step 1 단어를 선택하고 순서대로 배열해 써 보세요.

Step 2 쓴 문장을 보며 다음 3가지를 확인해 보세요. ☐ 첫 글자 대문자 ☐ 띄어쓰기 ☐ 문장 끝 문장 부호

---

① 우리는 거기에서 그네를 봤어요. there　We　smile / swing　saw　a　.

_____

_____

_____

② 나는 호수에 있는 백조 한 마리를 봤어요.

a　see / saw　I　the　swan / switch　lake　in　.

_____

_____

_____

③ 그는 그 스파이에게 말했어요. the　said　He / She　spray / spy　to　.

_____

_____

_____

④ 나는 강한 용수철을 봤어요. spring / spray　a　I　strong　see / saw　.

_____

_____

_____

⑤ 나는 다시 화면을 긁을지도 몰라요.

scratch / scroll　may　again　the　stress / screen　I　.

_____

_____

_____

⑥ 나는 코를 다시 골지도 몰라요. may　I　snack / snore　there / again　.

_____

_____

_____

Step 1 문장이 되도록 각각 알맞은 단어를 하나 골라 선으로 연결하세요.

Step 2 선택한 단어를 순서대로 나열해 완전한 문장을 쓰고 읽어 보세요.

1

She	said	on	him
Me	saw	to	spy

→ _____

그녀가 그에게 말했어요.

2

We	was	a	smell
Your	saw	for	snake

→ _____ there.

우리는 거기에서 뱀 한 마리를 봤어요.

3

We	may	smell	to	smart
His	not	small	the	smoke

→ _____

우리는 그 연기를 냄새 맡을지도 몰라요.

4

He	saw	spill	it	in
Her	may	spring	me	again

→ _____

그가 그것을 다시 엎지를지도 몰라요.

th, ph, gh, qu

unit 22

072

단어 읽기 파닉스 단어를 직접 발음하며 연습해요.

Step 1 먼저 혼자 읽은 후 듣고 따라 읽어 보세요.

Step 2 빈칸을 채우면서 철자와 뜻을 익혀 보세요.

> 🗣 th 혀를 윗니에 갖다 대고 [ㄷ]로 발음하는 경우도 있고, 윗니와 아랫니 사이로 혀를 살짝 내밀고 바람을 불어 [ㅆ]로 발음하는 경우도 있어요.

START

th [ð / ㄷ]

that 저; 저것, 저 사람

them 그(것)들에게[을]

then 그때

there 거기에

thin 얇은, 가는

thick 두꺼운, 굵은

thank 감사하다

th [θ / ㅆ]

this 이; 이것, 이 사람

thing 물건, 것

think 생각하다

third 셋째의

thirsty 목마른

bath 목욕

cloth 천

moth 나방

both 둘 다

path 길

math 수학

month 달, 월 FINISH

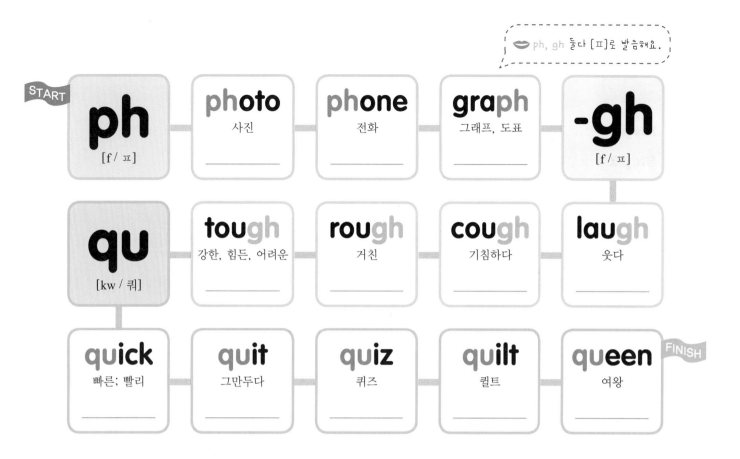

ph, gh 둘다 [ㅍ]로 발음해요.

START

| ph [f / ㅍ] | photo 사진 ____ | phone 전화 ____ | graph 그래프, 도표 ____ | -gh [f / ㅍ] |

| qu [kw / 쿼] | tough 강한, 힘든, 어려운 ____ | rough 거친 ____ | cough 기침하다 ____ | laugh 웃다 ____ |

| quick 빠른; 빨리 ____ | quit 그만두다 ____ | quiz 퀴즈 ____ | quilt 퀼트 ____ | queen 여왕 ____ FINISH |

〈보기〉의 단어를 보고, 그림에 맞게 빈칸에 알맞은 글자를 써 보세요.

보기

thick   thin   cloth   moth   photo   tough   rough   quick

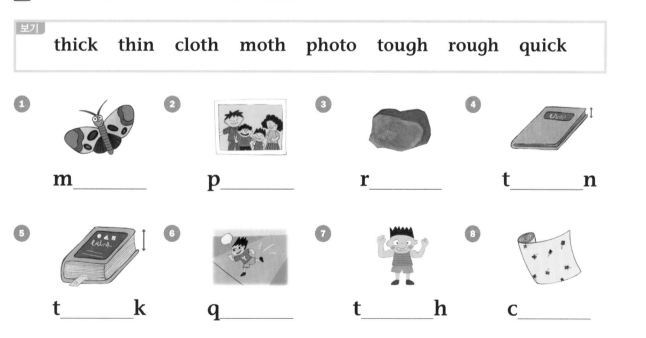

1 m_____

2 p_____

3 r_____

4 t_____n

5 t_____k

6 q_____

7 t_____h

8 c_____

구 읽기 사이트워드를 이용해 구를 연습해요.

Step 1 먼저 듣고 따라 읽어 보세요.

Step 2 뜻을 생각하며 빈칸에 알맞은 단어를 써 보세요.

be + ~한

~이다

_____ quick
빠르다(이다 + 빠른)

_____ tough
어렵다(이다 + 어려운)

_____ rough
거칠다(이다 + 거친)

_____ thick
두껍다(이다 + 두꺼운)

_____ thin
얇다(이다 + 얇은)

_____ thirsty
목마르다(이다 + 목마른)

누가 무엇이 + **must be**

~임에 틀림없다

The quiz _____
그 퀴즈는 ~임에 틀림없다

Her quilt _____
그녀의 퀼트는 ~임에 틀림없다

That _____
저것은 ~임에 틀림없다

My phone _____
내 전화는 ~임에 틀림없다

The queen _____
그 여왕은 ~임에 틀림없다

This cloth _____
이 천은 ~임에 틀림없다

is + 사물/동물

~있다

_____ a path
길이 있다

_____ a moth
나방이 있다

_____ a photo
사진이 있다

so + ~한/하게

매우, 아주

_____ much
매우 많이

_____ thick
매우 두꺼운

_____ tough
매우 어려운

파닉스 단어와 사이트워드를 이용해 문장을 연습해요.

Step 1 그림을 보고, 괄호 안에서 알맞은 단어를 고르세요.

Step 2 문장을 듣고, 따라 읽으면서 답을 맞춰 보세요.

❶ (Thank / Think) you so much.

❷ This cloth is so (thick / thin).

❸ There is a (path / moth).　　*There is: ~이 있다

❹ The quiz is so (tough / cough).

❺ He must be (thirsty / there).

❻ She must be the (quit / queen).

Step 1 단어를 선택하고 순서대로 배열해 써 보세요.

Step 2 쓴 문장을 보며 다음 3가지를 확인해 보세요.   ☐ 첫 글자 대문자   ☐ 띄어쓰기   ☐ 문장 끝 문장 부호

1 이 천은 매우 두꺼워요.   cloth / month   is   This   thick   so   .

_____

_____

2 (당신에게) 매우 감사해요.   so   you / me   much   Thank / Think   .

_____

_____

3 그녀는 여왕임에 틀림없어요.

the   be   quick / queen   She   can / must   .

_____

_____

4 그는 틀림없이 목마를 거예요.   thirsty / thin   must   He   is / be   .

_____

_____

5 그 퀴즈는 매우 어려워요.   so   quit / quiz   is   laugh / tough   The   .

_____

_____

6 나방이 한 마리 있어요.   is / was   moth / photo   a   There   .

_____

_____

Step 1 문장이 되도록 각각 알맞은 단어를 하나 골라 선으로 연결하세요.

Step 2 선택한 단어를 순서대로 나열해 완전한 문장을 쓰고 읽어 보세요.

1

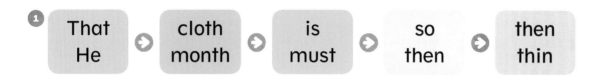

That / He → cloth / month → is / must → so / then → then / thin

➡ _____

저 천은 아주 얇아요.

2

We / It → laugh / month → so / is → very / much

➡ _____

우리는 아주 많이 웃어요.

3

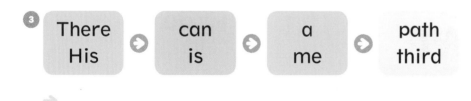

There / His → can / is → a / me → path / third

➡ _____

길이 하나 있어요.

4

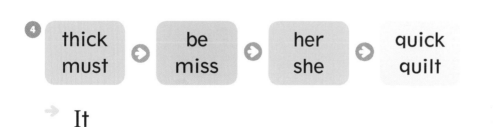

thick / must → be / miss → her / she → quick / quilt

➡ It _____

그것이 그녀의 퀼트인 게 틀림없어요.

wh, wr, ce, ci

075

단어 읽기 파닉스 단어를 직접 발음하며 연습해요.

Step 1 먼저 혼자 읽은 후 듣고 따라 읽어 보세요.

Step 2 빈칸을 채우면서 철자와 뜻을 익혀 보세요.

👄 wh, wr 두 글자 중 한 글자만 소리가 나요. wh는 [w]만, wr은 [r]만 소리 나요.

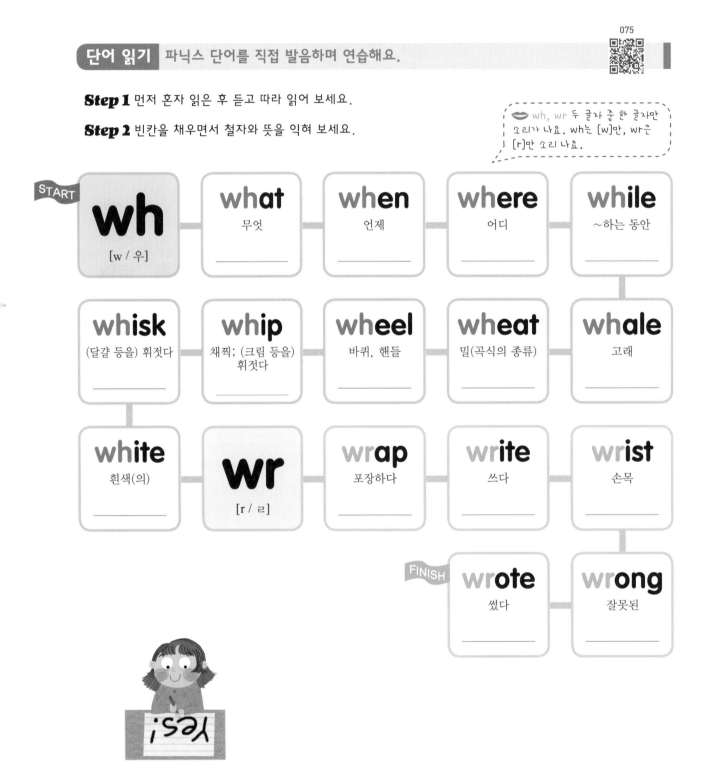

START

wh
[w / 우]

what
무엇
_____

when
언제
_____

where
어디
_____

while
~하는 동안
_____

whisk
(달걀 등을) 휘젓다
_____

whip
채찍; (크림 등을) 휘젓다
_____

wheel
바퀴, 핸들
_____

wheat
밀(곡식의 종류)
_____

whale
고래
_____

white
흰색(의)
_____

wr
[r / ㄹ]

wrap
포장하다
_____

write
쓰다
_____

wrist
손목
_____

FINISH

wrote
썼다
_____

wrong
잘못된
_____

yes!

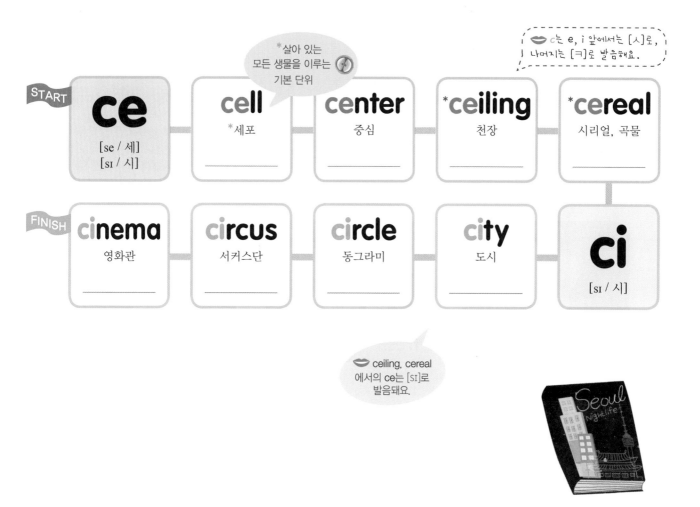

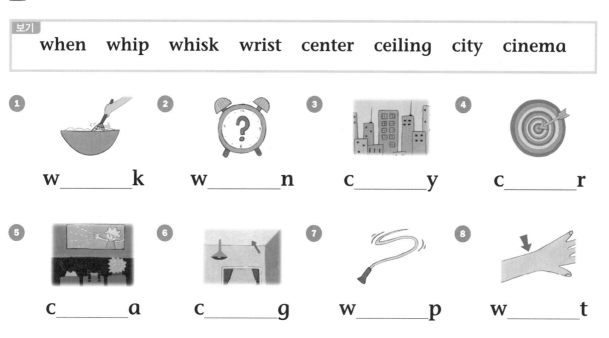

⚒ 〈보기〉의 단어를 보고, 그림에 맞게 빈칸에 알맞은 글자를 써 보세요.

보기

when　whip　whisk　wrist　center　ceiling　city　cinema

1 w_____k
2 w_____n
3 c_____y
4 c_____r

5 c_____a
6 c_____g
7 w_____p
8 w_____t

UNIT 23 **153**

구 읽기 사이트워드를 이용해 구를 연습해요.

Step 1 먼저 듣고 따라 읽어 보세요.

Step 2 뜻을 생각하며 빈칸에 알맞은 단어를 써 보세요.

Did + 누가 ~하다 + ?

~했니?

_____ you wrap ~?

네가 포장했니?

_____ you whip ~?

네가 (거품을) 휘저었니?

_____ you see ~?

네가 봤니?

_____ they go ~?

그들은 갔니?

_____ she write ~?

그녀가 썼니?

_____ he say ~?

그가 말했니?

in + 사물/장소

~(안)에

_____ the city

도시에

_____ the center

중심에

_____ the cereal

시리얼(속)에

~하다 + **to**

~에게

write _____

~에게 쓰다

wrote _____

~에게 썼다

said _____

~에게 말했다

on + 사물/장소

~(위)에

_____ the wheel

바퀴 위에

_____ my wrist

내 손목에

_____ the ceiling

천장에

to + 장소

~로

_____ the city

도시로

_____ the center

중심으로

_____ the cinema

영화관으로

문장 읽기 파닉스 단어와 사이트워드를 이용해 문장을 연습해요.

Step 1 그림을 보고, 괄호 안에서 알맞은 단어를 고르세요.

Step 2 문장을 듣고, 따라 읽으면서 답을 맞춰 보세요.

❶ He was in the (center / city).

❷ Is the fly on the (cell / ceiling)? *fly: 파리

❸ He drew a (circus / circle) on the ground.

❹ Did you (whip / wrap) the cream?

❺ Did she (write / wheel) to you?

❻ Did they go to the (cinema / cereal)?

Step 1 단어를 선택하고 순서대로 배열해 써 보세요.

Step 2 쓴 문장을 보며 다음 3가지를 확인해 보세요.   ☐ 첫 글자 대문자 ☐ 띄어쓰기 ☐ 문장 끝 문장 부호

❶ 당신이 크림을 휘저었나요? whip / write   the   Did   cream   you   ?

❷ 그들은 영화관에 갔나요?

to   go   cinema / city   they   Did / Will   the   ?

❸ 그녀가 당신에게 편지를 썼나요? wrote / write   you   she   to / for   Did   ?

❹ 그는 중앙에 있었어요. was   He   cell / center   the   to / in   .

❺ 그는 땅 위에 원 하나를 그렸어요.

circle / circus   drew   a   He   on / in   the   ground   .

❻ 파리는 천장 위에 있나요? fly   Is   ceiling / cereal   the   on / in   the   ?

Step 1 문장이 되도록 각각 알맞은 단어를 하나 골라 선으로 연결하세요.

Step 2 선택한 단어를 순서대로 나열해 완전한 문장을 쓰고 읽어 보세요.

1

A / Did → she / his → wrap / write → it / me

→ _____

그녀가 그것을 포장했나요?

2

Did / When → he / me → say / cell → on / to → she / you

→ _____

그가 당신에게 말했나요?

3

What / Did → you / her → said / see — it in — the / me → cereal / white

→ _____

당신은 시리얼 속에서 그것을 봤나요?

4

She / Did → they / is → go / cinema — to the — city / center

→ _____

그들은 도시로 갔나요?

unit 24
묵음 gh, kn, gu, mb

078

Step 1 먼저 혼자 읽은 후 듣고 따라 읽어 보세요.

Step 2 빈칸을 채우면서 철자와 뜻을 익혀 보세요.

👄 gh 소리가 나지 않아요. 묵음이죠.

START

gh

high
높은
_____

sigh
한숨 (쉬다)
_____

fight
싸우다
_____

light
가벼운; 빛
_____

flight
비행
_____

tight
(옷이 몸에) 꼭 끼는
_____

sight
시력
_____

right
옳은
_____

night
밤
_____

bright
밝은
_____

bought
샀다
_____

taught
가르쳤다
_____

FINISH

⚖️ 〈보기〉의 단어를 보고, 그림에 맞게 빈칸에 알맞은 글자를 써 보세요.

보기

sigh　　bright　　bought　　taught

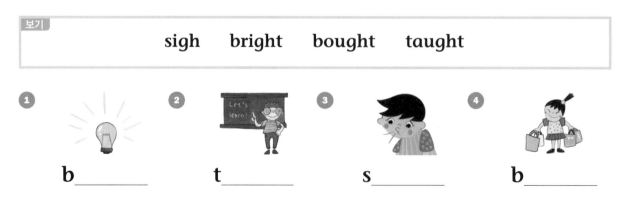

① b_____

② t_____

③ s_____

④ b_____

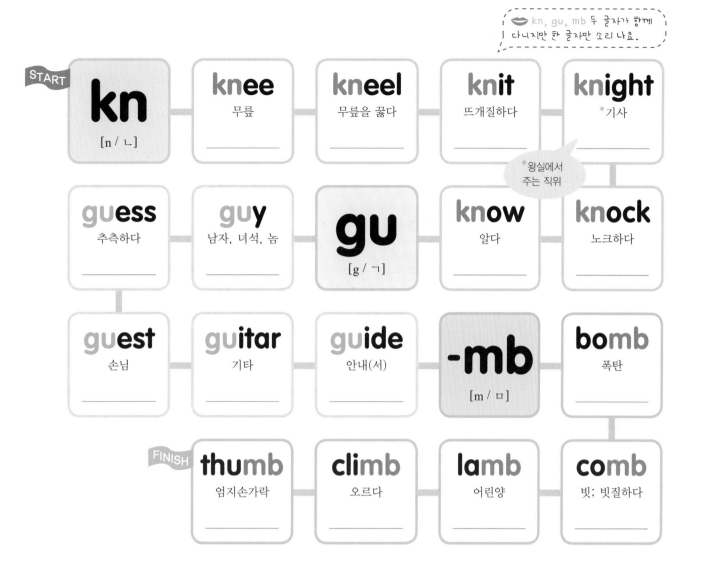

kn, gu, mb 두 글자가 함께 다니지만 한 글자만 소리 나요.

START

kn
[n / ㄴ]

knee
무릎

kneel
무릎을 꿇다

knit
뜨개질하다

knight
*기사

*왕실에서 주는 직위

guess
추측하다

guy
남자, 녀석, 놈

gu
[g / ㄱ]

know
알다

knock
노크하다

guest
손님

guitar
기타

guide
안내(서)

-mb
[m / ㅁ]

bomb
폭탄

FINISH

thumb
엄지손가락

climb
오르다

lamb
어린양

comb
빗; 빗질하다

〈보기〉의 단어를 보고, 그림에 맞게 빈칸에 알맞은 글자를 써 보세요.

보기
knight   comb   guide   kneel

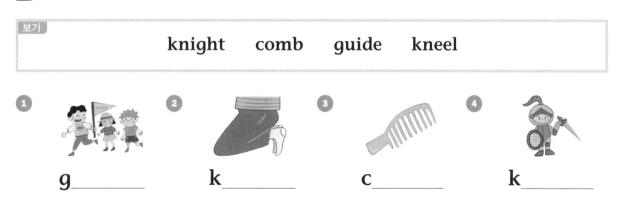

1 g_____

2 k_____

3 c_____

4 k_____

구 읽기 사이트워드를 이용해 구를 연습해요.

Step 1 먼저 듣고 따라 읽어 보세요.

Step 2 뜻을 생각하며 빈칸에 알맞은 단어를 써 보세요.

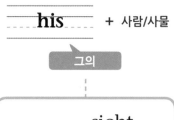

___ **his** + 사람/사물

그의

_____ sight

그의 시력

_____ guest

그의 손님

_____ knee

그의 무릎

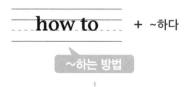

___ **how to** + ~하다

~하는 방법

_____ knit

뜨개질하는 방법

_____ climb

오르는 법

_____ comb

빗질하는 법

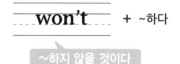

___ **won't** + ~하다

~하지 않을 것이다

_____ sigh

한숨 쉬지 않을 것이다

_____ fight

싸우지 않을 것이다

_____ guess

추측하지 않을 것이다

_____ know

모를 것이다[알지 않을 것이다]

_____ knock

노크하지 않을 것이다

_____ kneel

무릎 꿇지 않을 것이다

___ **was** + ~한

~이었다

_____ high

높았다(이었다 + 높은)

_____ right

옳았다(이었다 + 옳은)

_____ bright

밝았다(이었다 + 밝은)

_____ light

가벼웠다(이었다 + 가벼운)

_____ tight

꼭 끼었다(이었다 + 꼭 끼는)

_____ not good

좋지 않았다
(이었다 + 아닌 + 좋은)

Step 1 그림을 보고, 괄호 안에서 알맞은 단어를 고르세요.

Step 2 문장을 듣고, 따라 읽으면서 답을 맞춰 보세요.

❶ The (comb / lamb) was light.

❷ His (sight / flight) was not good.

❸ The (knight / night) won't fight.

❹ The guy won't (kneel / knock).

❺ Her skirt was very (tight / bright).

❻ Do you know how to (knit / climb)?

Step 1 단어를 선택하고 순서대로 배열해 써 보세요.

Step 2 쓴 문장을 보며 다음 3가지를 확인해 보세요.　☐ 첫 글자 대문자　☐ 띄어쓰기　☐ 문장 끝 문장 부호

1　그 남자는 노크하지 않을 거예요.　kneel / knock　guy　The　will / won't　.

2　그의 시력은 좋지 않았어요.　sigh / sight　was　good　His / He　not　.

3　그 빗은 가벼웠어요.　comb　light / right　The　was / be　.

4　그녀의 치마는 아주 꽉 끼었어요.　bright / tight　was　very　skirt　Her　.

5　그 기사는 싸우지 않을 거예요.　won't　knight / night　The　flight / fight　.

6　당신은 뜨개질하는 법을 아나요?

know　to / on　Do　knit / knee　you　how　?

Step 1 문장이 되도록 각각 알맞은 단어를 하나 골라 선으로 연결하세요.

Step 2 선택한 단어를 순서대로 나열해 완전한 문장을 쓰고 읽어 보세요.

①

 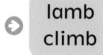

The	lamb	did	light
It	climb	was	guide

→ _____

그 어린양은 가벼웠어요.

②

My	won't	knee
He	not	kneel

→ _____

그는 무릎 꿇지 않을 거예요.

③

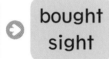

His	bought	a	climb
I	sight	guy	comb

→ _____

나는 빗을 하나 샀어요.

④

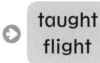

She	taught	how	to	guess
My	flight	was	in	lamb

→ _____

그녀가 추측하는 방법을 가르쳐 줬어요.

영어를
결정
하는

초등
파닉스 와 문장
정답

Part 1

Unit 01 • b, p, d, t

단어 읽기 ⋯⋯⋯⋯⋯⋯⋯⋯ p.17

❶ pin ❷ bun ❸ bat ❹ pan
❺ dig ❻ tug ❼ dip ❽ tip

문장 읽기 ⋯⋯⋯⋯⋯⋯⋯⋯ p.19

❶ pan ❷ tag ❸ dog
❹ tub ❺ bag ❻ box

문장 만들기 ⋯⋯⋯⋯⋯⋯⋯⋯ p.20

❶ I have a pan.
❷ I have a big box.
❸ I have a name tag.
❹ I pat a dog.
❺ I have a big bag.
❻ I have a big tub.

복습하기 ⋯⋯⋯⋯⋯⋯⋯⋯ p.21

❶ I have a pot.
　나는 냄비가 하나 있어요.

❷ I have a dot.
　나는 점이 하나 있어요.

❸ I have a big pig.
　나는 큰 돼지 한 마리를 키워요.

❹ I have a top.
　나는 팽이가 하나 있어요.

❺ I dig a den.
　나는 굴을 하나 파요.

❻ I tap a bin.
　나는 쓰레기통을 두드려요.

Unit 02 • c, k, g, f, v

단어 읽기 ⋯⋯⋯⋯⋯⋯⋯⋯ p.23

❶ fun ❷ can ❸ van ❹ gun

❺ fox ❻ vet ❼ cap ❽ fan

문장 읽기 ⋯⋯⋯⋯⋯⋯⋯⋯ p.25

❶ fan ❷ cat ❸ van
❹ fox ❺ gift ❻ fig

문장 만들기 ⋯⋯⋯⋯⋯⋯⋯⋯ p.26

❶ I see a fat cat.
❷ I see a van.
❸ I like the gift.
❹ I like the fox.
❺ I see a fan.
❻ I like the fig.

복습하기 ⋯⋯⋯⋯⋯⋯⋯⋯ p.27

❶ I like the cup.
　나는 그 컵을 좋아해요.

❷ I see a cop.
　나는 경찰관을 봐요.

❸ I see a fat kid.
　나는 살찐 아이를 봐요.

❹ I like the big gum.
　나는 그 큰 껌을 좋아해요.

❺ I get the cap.
　나는 그 야구모자를 사요.

❻ I cut the fig.
　나는 그 무화과를 잘라요.

Unit 03 • h, w, s, z

단어 읽기 ⋯⋯⋯⋯⋯⋯⋯⋯ p.29

❶ wet ❷ sun ❸ hat ❹ wig
❺ sit ❻ six ❼ zip ❽ sip

문장 읽기 ⋯⋯⋯⋯⋯⋯⋯⋯ p.31

❶ sad ❷ hot ❸ wet
❹ son ❺ hot ❻ hat

④ He has a bolt.
그에게 볼트가 하나 있어요.

⑤ I can hold it.
나는 그것을 잡을 수 있어요.

⑥ We jog in the cold.
우리는 추위 속에서 조깅을 해요.

Unit 06 • mp, nd, nt, sk, st

① hand **②** rest **③** tent **④** skin
⑤ lamp **⑥** fast **⑦** mask **⑧** camp

① ski **②** hunt **③** desk
④ tent **⑤** jump **⑥** ask

① They can hunt.
② They can ski fast.
③ They want to jump.
④ They want a tent.
⑤ They want a desk.
⑥ They want to ask.

① They want to ski.
그들은 스키를 타고 싶어 해요.

② They want the list.
그들은 그 목록을 원해요.

③ They want to stand.
그들은 서 있고 싶어 해요.

④ They want to stop and ask.
그들은 멈춰서 물어보고 싶어 해요.

⑤ They went west.
그들은 서쪽으로 갔어요.

⑥ They want to rest in the sand.
그것들은 모래 안에서 쉬고 싶어 해요.

Unit 07 • ck, ng, nk

① sock **②** kick **③** hang **④** king
⑤ bank **⑥** lock **⑦** tank **⑧** peck

① ring **②** sock **③** kick
④ sack **⑤** sing **⑥** rock

① Here is my pink ring.
② You can kick the ball here.
③ I will sing for you.
④ Here is a long sock.
⑤ The rock is for the duck.
⑥ You will pack the sack.

① Here is a bank.
여기에 은행이 있어요.

② Here is my pink sock.
여기에 내 분홍색 양말이 있어요.

③ He will wink.
그가 윙크할 거예요.

④ You can lock it.
당신은 그것을 잠글 수 있어요.

⑤ It will sink here.
그것은 여기에 가라앉을 거예요.

⑥ The king will sing for you.
왕이 당신을 위해 노래를 부를 거예요.

Unit 08 • ch, sh

① chat **②** shell **③** cash **④** chip
⑤ shot **⑥** punch **⑦** chin **⑧** shop

❶ She was rich.
❷ The fish was a shark.
❸ She will have lunch.
❹ She can chop it.
❺ She will rush to the ship.
❻ She went to the shop.

❶ She was short.
　그녀는 키가 작았어요.
❷ She will check it fast.
　그녀는 그것을 빨리 확인할 거예요.
❸ It was a shock.
　그것은 충격이었어요.
❹ The chip was sharp.
　그 조각은 날카로웠어요.
❺ The shirt was on the shelf.
　그 셔츠는 선반 위에 있었어요.
❻ She went to the bench.
　그녀는 벤치로 갔어요.

Part 2

Unit 09 • a_e, i_e

❶ name　❷ skate　❸ bike

❹ pale　❺ cake　❻ kite

❶ This is not her skate.
❷ This is her name.
❸ I gave her this cake.
❹ Her face is not pale.
❺ I made her this kite.
❻ I like this bike.

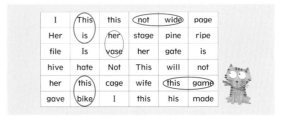

❶ This is her vase.
　이것은 그녀의 꽃병이에요.
❷ He gave her this bike.
　그가 그녀에게 이 자전거를 줬어요.
❸ This is her stage.
　이것이 그녀의 무대예요.
❹ Her cape is not wide.
　그녀의 망토는 넓지 않아요.
❺ I like this game.
　나는 이 게임을 좋아해요.

Unit 10 • o_e, u_e

❶ chose　❷ cute　❸ nude
❹ rope　❺ tube　❻ stone

❶ She chose your rose.
❷ She is cute.
❸ Where was the stone?
❹ The duke is not nude.
❺ Where is your tube?
❻ Do you use your rope?

dome	code	nude	cube	cone	rude
rule	vote	duke	stole	zone	mole
her	mule	bone	my	your	Do
you	mule	rude	stone	hose	where
do	Where	is	use	Is	dome
hope	my	hose	Her	nose	stove

❶ Where is your pole?
당신 막대기는 어디에 있나요?

❷ Do you use your hose?
당신은 당신의 호스를 사용하나요?

❸ Her nose is not cute.
그녀의 코는 귀엽지 않아요.

❹ Where was her mule?
그녀의 노새는 어디에 있었나요?

❺ Your rude mole stole her rose.
당신의 무례한 두더지가 그녀의 장미를 훔쳤어요.

Unit 11 • ar, or, er, ir, ur

❶ corn ❷ nurse ❸ skirt ❹ bark
❺ burn ❻ cart ❼ purse ❽ horn

❶ bird ❷ skirt ❸ stir
❹ cart ❺ park ❻ barn

❶ Look at the bird!
❷ Let's stir it.

❸ Look at her short skirt!
❹ He was in the park.
❺ His cart is in the yard.
❻ He is not in the dark barn.

park	bark	torch	dark	yard	farm
Her	let's	His	at	look	her
short	My	card	in	bird	stir
hurt	nurse	the	fur	curl	corn
Let's	have	is	his	short	shirt
herd	Look	at	purse	clerk	herb

❶ Look at **his short shirt**!
그의 짧은 셔츠를 보세요!

❷ Look at the big star!
저 커다란 별을 봐요!

❸ **His card** is in her purse.
그의 카드는 그녀의 지갑 안에 있어요.

❹ He was in the **dark yard**.
그는 어두운 마당에 있었어요.

❺ **Let's have** lunch in the park.
공원에서 점심을 먹자.

Unit 12 • air, are, ear, ire, ore, ure

❶ wire ❷ stair ❸ cure ❹ stare
❺ pear ❻ store ❼ bare ❽ shore

❶ hair ❷ bear ❸ cure
❹ pear ❺ chair ❻ shore

❶ Look at the bear!
❷ This will cure you.
❸ Look at her hair!
❹ Who was on the chair?
❺ Will you share this pear?
❻ Who is on the shore?

복습하기 ·········· p.89

hire	tire	shore	core	This	fair
Will	is	wire	hair	will	at
you	at	who	care	pear	the
cure	on	the	chair	in	fire
fare	bare	stare	it	sure	bear
pure	share	this	Who	was	ware

❶ Let's look at the fire!
저 불을 보자!

❷ I stare at the bear on the chair.
나는 의자 위에 있는 곰을 빤히 쳐다봐요.

❸ Will you wear this skirt?
당신은 이 치마를 입을 건가요?

❹ Who was on the stairs?
누가 계단에 있었어요?

❺ This will bore you.
이것은 당신을 지루하게 할 거예요.

Unit 13 • ea, ee

단어 읽기 ·········· p.91

❶ beak ❷ seal ❸ seed ❹ tea
❺ meal ❻ beef ❼ weak ❽ leaf

문장 읽기 ·········· p.93

❶ team ❷ tea ❸ peel
❹ speak ❺ seeds ❻ sleep

문장 만들기 ·········· p.94

❶ The tea is very cheap.
❷ I need some seeds.
❸ I can't speak in a dream.
❹ The team was very weak.
❺ I can't peel the beet.
❻ The sheep can't sleep here.

복습하기 ·········· p.95

very	deep	a	dream	tea	is
at	teach	cream	jean	see	some
beach	leaf	I	can't	seed	sheep
bee	very	team	cheap	peach	peel
Will	sweet	can	meet	in	heel
green	see	We	need	The	need

❶ I can't speak here.
나는 여기에서 말할 수 없어요.

❷ The peach is very sweet.
그 복숭아는 아주 달콤해요.

❸ We need some weeks.
우리는 몇 주가 필요해요.

❹ I see some sheep.
나는 양 몇 마리를 봐요.

❺ The sea is very deep.
바다는 아주 깊어요.

Unit 14 • oo, ew, ue, ui

단어 읽기 ·········· p.97

❶ tooth ❷ stew ❸ pool ❹ fruit
❺ moon ❻ chew ❼ glue ❽ school

문장 읽기 ·········· p.99

❶ suit ❷ glue ❸ drew
❹ chew ❺ food ❻ cool

문장 만들기 ·········· p.100

❶ We choose good food.
❷ He drew a new moon well.
❸ I need a blue suit.
❹ I need a new glue.
❺ The room was very cool.
❻ He can chew very well.

복습하기 p.101

mood	roof	blew	The	noon	shoot
cool	stew	good	spoon	drew	good
tooth	some	fruit	suit	she	pool
new	school	We	pool	root	boot
tool	fool	the	very	new	at
true	I	need	on	glue	room

❶ The roof is **very new**.

그 지붕은 아주 새로워요.

❷ We need some **good fruit**.

우리는 좋은 과일이 좀 필요해요.

❸ He drew a **new school** well.

그는 새 학교를 잘 그렸어요.

❹ They choose a **good pool**.

그들은 좋은 수영장을 선택해요.

❺ I need some fruit juice.

나는 과일 주스가 좀 필요해요.

Unit 15 • o, aw, oo, u

단어 읽기 p.103

❶ log ❷ hood ❸ cross ❹ saw
❺ cook ❻ jaw ❼ frog ❽ pull

문장 읽기 p.105

❶ frog ❷ crawl ❸ hook
❹ wood ❺ bull ❻ fog

문장 만들기 p.106

❶ Did the dog crawl under it?
❷ Did you draw the frog?
❸ Who saw the boss in the fog?
❹ I didn't put the wood there.
❺ I didn't pull the hook.
❻ Who took the bull?

복습하기 p.107

full	can	didn't	push	some	pull
bush	that	shook	good	a	hawk
draw	the	hawk	law	log	hood
moss	yawn	at	Did	you	cook
cross	Who	book	Can	jaw	paw
log	shook	Did	In	the	dawn

❶ I **didn't push** your foot.

나는 당신의 발을 밀지 않았어요.

❷ **Who** saw **the hawk** in the fog?

누가 그 매를 안개 속에서 봤나요?

❸ **Who** shook the bush?

누가 덤불을 흔들었나요?

❹ **Did** you **cook** the good food?

당신이 그 훌륭한 음식을 요리했나요?

❺ The boss didn't draw **in** the dawn.

그 두목은 새벽에는 그리지 않았어요.

Unit 16 • ai, ay

단어 읽기 p.109

❶ wait ❷ nail ❸ rain ❹ pray
❺ brain ❻ hay ❼ mail ❽ lay

문장 읽기 p.111

❶ paint ❷ sail ❸ pray
❹ tray ❺ stay ❻ train

문장 만들기 p.112

❶ Will you stay here?
❷ He will paint here.
❸ They will sail for Spain.
❹ I will pray for you.
❺ Will you wait for the train?
❻ I will pay for the tray.

복습하기 ·· p.113

tray	Will	don't	a	jail	train
tail	say	on	wait	for	you
rain	here	Spain	say	at	nail
faint	hail	brain	her	will	play
will	pay	way	pain	stay	May
lay	gray	lay	the	snail	for

❶ Will you say here?
당신은 여기서 말할 건가요?

❷ They will play here.
그들은 여기에서 놀 거예요.

❸ We will wait for you.
우리는 당신을 위해 기다릴 거예요.

❹ He will pay for the hay.
그가 건초 값을 낼 거예요.

❺ Will you lay the snail here?
당신은 그 달팽이를 여기에 둘 건가요?

Unit 17 · oi, oy, ou, ow

단어 읽기 ·· p.114~115

❶ soil ❷ boil ❸ toy ❹ boy
❶ crown ❷ ground ❸ bow ❹ house

문장 읽기 ·· p.117

❶ sound ❷ clown ❸ toy
❹ pouch ❺ boil ❻ count

문장 만들기 ·· p.118

❶ They don't count coins.
❷ The little boy likes his toy.
❸ I don't like the sound.
❹ We don't boil the eggs.
❺ The hound likes my pouch.
❻ She likes the little clown.

복습하기 ·· p.119

cow	ground	couch	I	A	cloud
pouch	He	The	brown	gown	mouse
loud	town	little	down	is	don't
soy	round	cow	his	cow	shout
She	likes	joy	bow	my	oil
boil	join	foil	little	coin	Did

❶ The little cow found his crown.
그 작은 암소가 그의 왕관을 찾았어요.

❷ She likes the little house.
그녀는 그 작은 집을 좋아해요.

❸ They don't shout.
그들은 소리치지 않아요.

❹ The little clown likes the brown gown.
그 어린 광대는 그 갈색 가운을 좋아해요.

❺ The little mouse found a little coin.
그 작은 쥐가 작은 동전을 하나 찾았어요.

Part 3

Unit 18 · ff, ll, ss, zz

단어 읽기 ·· p.123

❶ tall ❷ jazz ❸ fuzz ❹ buzz
❺ pill ❻ moss ❼ ball ❽ cuff

문장 읽기 ·· p.125

❶ tell ❷ floss ❸ miss
❹ kiss ❺ bill ❻ bell

문장 만들기 ·· p.126

❶ You need to floss.
❷ I need to pass you that bill.
❸ I need to tell you.
❹ Sell me that bell, please.
❺ He will miss you.
❻ My kid will kiss me.

복습하기 p.127

❶
you		will		that		you
She		bill		tell		sell

She will tell you.

❷
You		need		that		pass
That		mall		to		tall

You need to pass.

❸
That		tall		cuff		fuzz
He		fall		staff		fell

That tall staff fell here.

❹
Pass		me		hill		stuff
moss		that		that		stiff

Pass me that stuff.

Unit 19 • l과 짝을 이루는 글자

단어 읽기 p.129

❶ clap ❷ glad ❸ clam ❹ plane
❺ slide ❻ blank ❼ plate ❽ flag

문장 읽기 p.131

❶ flag ❷ sled ❸ plum
❹ clock ❺ blink ❻ slam

문장 만들기 p.132

❶ That boy liked his new clock.
❷ She liked the plum.
❸ He liked the new sled.
❹ He liked his new flag.
❺ Don't slam the door.
❻ Don't blink your eyes.

복습하기 p.133

❶
My		liked		his		glad
He		good		me		glove

He liked his glove.

❷
Don't		close		the		book
the		clap		he		blend

Don't close the book.

❸
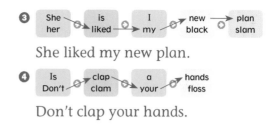
She		is		I		new		plan
her		liked		my		black		slam

She liked my new plan.

❹
Is		clap		a		hands
Don't		clam		your		floss

Don't clap your hands.

Unit 20 • r과 짝을 이루는 글자

단어 읽기 p.135

❶ frost ❷ crack ❸ price ❹ branch
❺ drum ❻ grass ❼ crab ❽ print

문장 읽기 p.137

❶ brave ❷ drink ❸ fresh
❹ drum ❺ dress ❻ grill

문장 만들기 p.138

❶ Is the drum broken?
❷ Are the grapes fresh?
❸ I can't drink it.
❹ I am very brave.
❺ Is the dress on the branch?
❻ Is the grill on the trunk?

복습하기 p.139

❶
Are		you		very		brick
Is		I		crack		brave

Are you very brave?

❷
Is		the		crab		frozen
it		new		trip		print

Is the crab frozen?

❸
She		am		trunk		broken
Is		your		trick		trace

Is your trunk broken?

❹
Is		can't		print		it
I		am		prize		trash

I can't print it.

❸ Did she write to you?
❹ He was in the center.
❺ He drew a circle on the ground.
❻ Is the fly on the ceiling?

복습하기 ······· p.157

❶

Did she wrap it?

❷

Did he say to you?

❸

Did you see **it in** the cereal?

❹

Did they go **to the** city?

복습하기 ·········· p.163

❶ The
It → lamb
climb → did
was → light
guide

The lamb was light.

❷ My
He → won't
not → knee
kneel

He won't kneel.

❸ His
I → bought
sight → a
guy → climb
comb

I bought a comb.

❹ She
My → taught
flight → how
was → to
in → guess
lamb

She taught how to guess.

Unit 24 • 묵음 gh, kn, gu, mb

단어 읽기 ················· p.158~159

❶ **b**right ❷ **t**aught ❸ **s**igh ❹ **b**ought
❶ **g**uide ❷ **k**neel ❸ **c**omb ❹ **k**night

문장 읽기 ················· p.161

❶ comb ❷ sight ❸ knight
❹ knock ❺ tight ❻ knit

문장 만들기 ················· p.162

❶ The guy won't knock.
❷ His sight was not good.
❸ The comb was light.
❹ Her skirt was very tight.
❺ The knight won't fight.
❻ Do you know how to knit?